做对5个实战步骤 你就是赚钱高手

朱家泓 著

中国青年出版社
CHINA YOUTH PRESS

图书在版编目(CIP)数据

做对5个实战步骤，你就是赚钱高手/朱家泓著.
—北京：中国青年出版社，2022.10
ISBN 978-7-5153-6752-1
Ⅰ.①做… Ⅱ.①朱… Ⅲ.①股票投资—基本知识 Ⅳ.①F830.91
中国版本图书馆CIP数据核字（2022）第147269号

做对5个实战步骤，你就是赚钱高手

作　　者：朱家泓
责任编辑：肖　佳
文字编辑：吴亦煊
美术编辑：杜雨萃
出　　版：中国青年出版社
发　　行：北京中青文文化传媒有限公司
电　　话：010-65511272 / 65516873
公司网址：www.cyb.com.cn
购书网址：zqwts.tmall.com
印　　刷：北京博海升彩色印刷有限公司
版　　次：2022年10月第1版
印　　次：2022年10月第1次印刷
开　　本：787 × 1092　　1 / 16
字　　数：192千字
印　　张：20.5
京权图字：01-2022-2782
书　　号：ISBN 978-7-5153-6752-1
定　　价：79.90元

目录

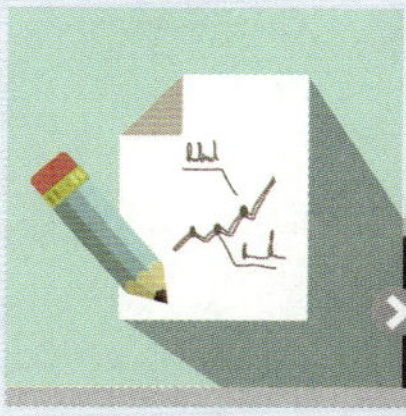

第一部分

初入股票市场的散户，要先学习专业知识、建立正确观念，并积累实际经验，再把金钱投入市场，这样才有机会成为赢家。

目录

第二部分 五大实战步骤

每次进场买股票都包含5个步骤，对每个步骤都做好细部规划，并采取正确的动作，在股市中赚钱就变得很容易。

目录

目录

自序

技术分析＋严守纪律=散户制胜法宝

“散户”一般定义为“小额投资人”，在股票市场上，散户永远是弱势族群，资金不多、信息最少，想要战胜大盘，的确不容易。

散户赚钱之道：技术分析

作者也是散户，从一开始进入股市，经历20余年的赔钱生涯，总是想在股海浮沉中，抓到一块能赖以求生的浮木，可惜我只是从军中退休的小老百姓，既不认识上市公司大老板（应该说他们不认识我），也没有主力大户的朋友，更没有什么显赫的家世背景，所以，想要做股票赚钱，真是不得其门而入。

但是，从2006年开始学习技术分析之后，我才体悟到股票市场中没有专家，只有输家和赢家。许多人终其一生在求名师指导，其实股市真正的老师只有一个，那就是股票“大盘市场”，所有想战胜大盘的技巧，都必须通过市场的考验。透过对技术分析的钻研，我终于找到了一条属于“散户”的赚钱道路。

自序

相信技术分析 避开赔钱风险

在股票市场，很多人“看它楼起，看它楼塌”，台股[①]在1990年2月12日，指数从历史高点12682，下跌到4450点，多少人葬身股海，从此退出股市。

掌握空头趋势及时出场

❶ 1990/2/12，指数历史高点12682，当天爆1991亿元大量，KD指标高档背离。

❷ 1990/2/16，长黑K线跌破前波低点，跌破MA20均线，KD指标向下，方向出现改变，进入盘整。

❸ 1990/2/22，黑K线跌破前一日低点，跌破MA5、MA10、MA20均线，且MA20月线下弯，空头架构完成，当天收盘指数11749点。此时技术分析已经完成空头架构，如果相信趋势已经转变，多单及时出场，当然不会惨赔到4450点。

❹、❺ 都是空头反弹后的继续下跌，开始做空，一路下跌大赚。

资料来源：富邦e01电子交易系统

① 台股：本书中的“台股”为“中国台湾股市”的简称。

宏达电（2498）由2011年4月29日的高档1300元，之后一路下跌到2014年8月8日的最低点118元，多少散户一路被套牢，真是情何以堪。其实我们回头检视一遍，如果你相信技术分析，又能够绝对守纪律操作的话，非但不会倾家荡产，还会赚大钱！看下面的图例说明，就可以一目了然。

多头转空 宏达电一路跌

❶ 2011/5/3，前一日股价创历史高价1300元，当天向下跳空跌，爆大量出现长黑K线，收盘跌破先前上涨7天的K线低点，跌破MA20均线，KD呈现死亡交叉，空头排列向下，与左边2011/4/20长红K线对应，形成高档夜星转折向下组合，是高档回档的强烈信号。

❷ 2011/5/16，股价向下跳空下跌，大量黑K线，收盘跌破前面低点，确认完成“头头低、底底低”的空头架构，且3条均线同时空排下弯，此时多头结束，趋势转空。

❸ 2011/6/10，反弹无法超越1300元的历史高点，当天大量黑K线跌停板，收盘股价跌破季线，开始做空。此后股价一路下跌，做空大赚。

资料来源：富邦e01电子交易系统

自序

下图是宏达电由高点1300元转空头之后的走势图，下方是融资的增减，我们很清楚地看到，在空头下跌时，融资大增，融资是一般的散户在买，结果股价却一直下跌，散户一路被套牢，如果这些散户投资人能够遵守技术分析的纪律操作，空头不做多，只做空，怎么会做多套牢？至2014年8月20日，股价才130元，不但大赔，而且也很难解套。

散户空头做多宏达电 越跌越买越套牢

❶ 2011/5/16股价向下跳空下跌，出现大量黑K线，收盘跌破前面低点，确认完成“头头低、底底低”的空头架构，3条均线同时空排下弯，此时多头结束，趋势转空。

❷ 股价呈现一路空头下跌的趋势。

❸ 每次出现黑K线、股价下跌，融资就大增，这表示散户认为股价跌低了就去接。

资料来源：富邦e01电子交易系统

宏达电连续急杀 散户疯买再被套

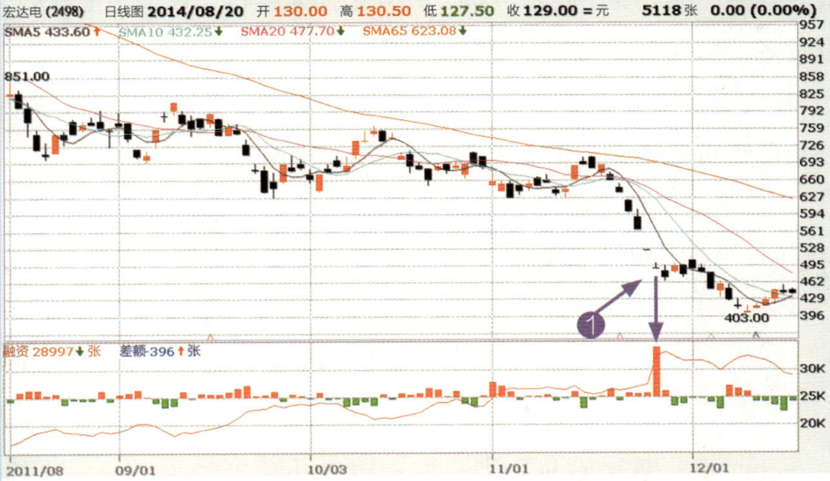

❶ 2011/11/25，宏达电空头连续急杀下跌，当天融资又大增，散户认为股价由1300元跌到489.5元已经很低，所以疯狂买进，结果又被套牢，后面2周，股价更跌到403元，这都是置技术分析走势于不顾，硬是逆势买进的结果。

资料来源：富邦e01电子交易系统

遵守操作纪律 抢赚多头避开大跌

2014年7月28日，台股发生“基亚事件”，当天股票开盘就跌停板，往后一连下跌20只跌停板，造成散户、大户、金主严重套牢亏损。这个事件的主因是基亚（3176）开发的新药送美检验，第一关便未通过。

2014年3月，基亚股价从200元开始飙涨时，市场就在炒作这个题材的“本梦比”，因为基亚在第一季的每股收益是赔1.11元，一家赔钱公司的股价高达200元，这就已经脱离正常本质了，这种股票的飙涨，绝对要用技术分析、严守纪律来操作，在多头上涨的阶段做多，当空头形成时立刻出场，不符合短线进场基本条件（见第二部分：步骤1：选股），就不要进场，进场后，则要守纪律及时出场，自然就能避开风险。下图是基亚的股价走势图说明：

分析+纪律 多头抢赚基亚本梦比

❶ 大量长红K线突破盘整，均线4线多排向上，收盘多单217.5元进场。用“波浪形态+双均线（MA10、MA20）+乖离”方法操作。

❷ 长黑K跌破MA10，收盘256.5元出场，获利17.9%。

❸ 回档止跌后，出现大量长红K线突破，均线4线多排向上，收盘多单292元进场。

❹ 高档大量长黑K线下跌，与月线乖离＞15%，获利超过20%，按纪律跌破MA5出场，收盘410.5元出场，获利40.5%。回档止跌后长红K线跳空上涨，均线4线多排向上，收盘多单430元进场。

文接下页

承上页图

❺ 出现大量长黑K线，收盘跌破进场红K线最低点，止损398.5元出场，获利-7.3%。走势进入盘整，待盘整结束再做。

❻ 出现大量长红K线突破盘整上颈线，收盘多单447元进场。

❼ 黑K线收盘跌破MA10，MA10下弯，波浪形态出现头头低，按纪律收盘456元出场，获利2%。

❽ 放量出现长黑K线收盘跌破前面低点，空头趋势确认，停止做多操作。

❾ 后续的下跌没有损失。

❿ 这根大量长红K线跳空上涨，均线MA20方向向下，不符合做多基本条件，不进场。

资料来源：富邦e01电子交易系统

股票走势图是所有参与交易的投资人共同创造出来的，尤其是控盘主力造势形成的，此外，外资也有力量主导大盘走势方向，所以，散户一定要具备看懂走势图的能力，看出图形透露的信号，适时调整自己的操作策略，采取不同的方法，按照纪律操作，自然能够轻松应付股市的千变万化。

其实，相信技术分析就是相信趋势，顺从趋势，每个赢家不都是这么说、这么做的吗？

自序

投资笔记

第一部分

积极备战

想要达成任何目标，或者想要事业成功，都必须在一开始就做好各项准备工作，股票投资当然也不例外。

初入股票市场的散户，要先学习专业知识、建立正确观念，并积累实际经验，再把金钱投入市场，这样才有机会成为赢家。

俗话说：“没有三两三，不要上梁山。”先准备好再出发吧！

第1章

熟悉技术分析 善用四大金刚

股票市场中的投资人有法人、外资、公司、主力、大户、中实户，以及散户，每个人都希望赚钱，所以竞争激烈。散户是其中最弱势的投资人，拥有的资金最少，没有第一手信息，更不可能有研究团队。在这么差的条件下，要在股市赚钱，必须有一套完整的训练计划，包括学习专业知识，透彻了解操作流程，掌握策略方法，建立正确观念，在对的时间做对的动作，才能战胜股市，成为股市赢家。

学会技术分析的“四大金刚”

工欲善其事，必先利其器。技术分析是股市操作的工具，不但要学会、要熟练，更要炉火纯青。说实在的，在股票市场上，散户可以相信或依赖的东西实在不多，技术分析虽非百分之百不会出错（包括市场本身也一样会出错），但它的确是最值得信任的股市投资工具。

基本的技术分析要学会“波浪形态”“K线”“均线”和“成交量”，这4项我称之为技术分析的“四大金刚”，每个皆有特定的用途，以下用图例简要说明，更详细的内容可参考我另一本著作《抓住飙股轻松赚》。

金刚1 波浪形态

操作股票首先要看对趋势方向，做错方向怎么可能赚钱？方向的判别，当然不能靠猜，依据“道氏理论”（Dow Theory），多头、空头或盘整都有一定的走势形态，若学会了，就已具备能够看出股票走势的能力。

波浪形态①

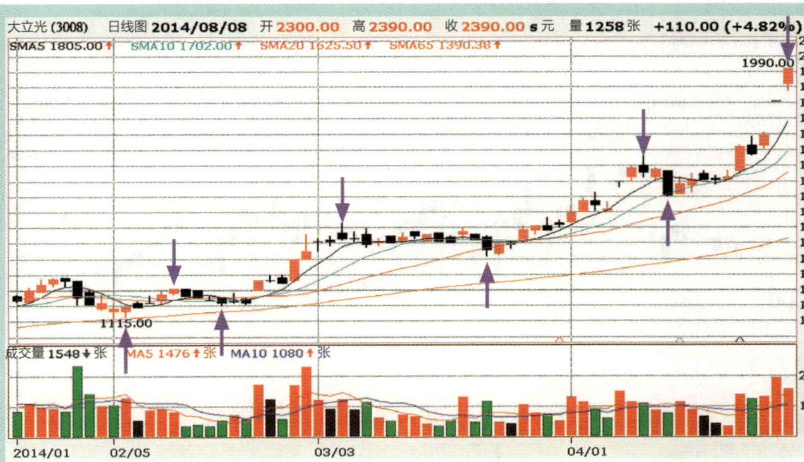

图中的箭头显示，每个转折的高点越来越高，转折的低点也越来越高，符合道氏理论的“多头”趋势，“顺势做多”就是正确方向。

资料来源：富邦e01电子交易系统

波浪形态②

图中的箭头显示，每个转折的高点越来越低，转折的低点也越来越低，符合道氏理论的“空头”趋势，“顺势做空”就是正确方向。

资料来源：富邦e01电子交易系统

波浪形态③

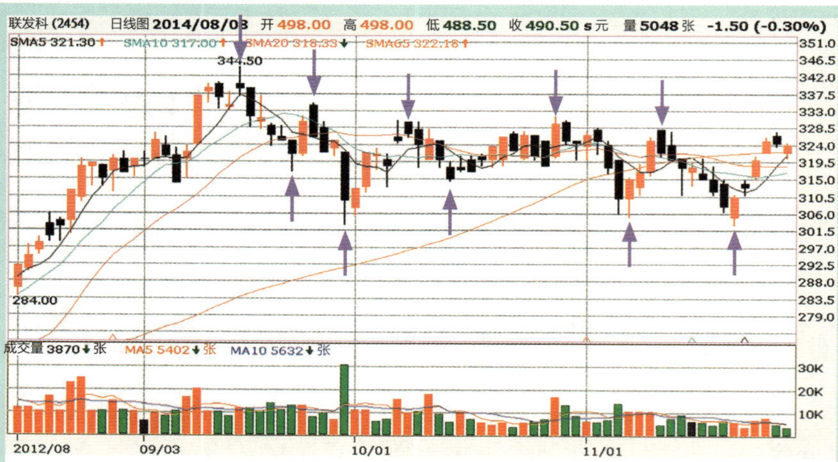

图中的箭头显示，转折的高点和低点出现高高低低的情况，这就是“盘整”，此时“不宜操作”。

资料来源：富邦e01电子交易系统

金刚2 K线变化

K线看的是每天买卖双方的交易意愿强弱，也就是说，K线可呈现当天看多及看空的投资人力道，这些力量的改变，可以研判走势的延续，或者走势将出现转折的情况。

K线变化

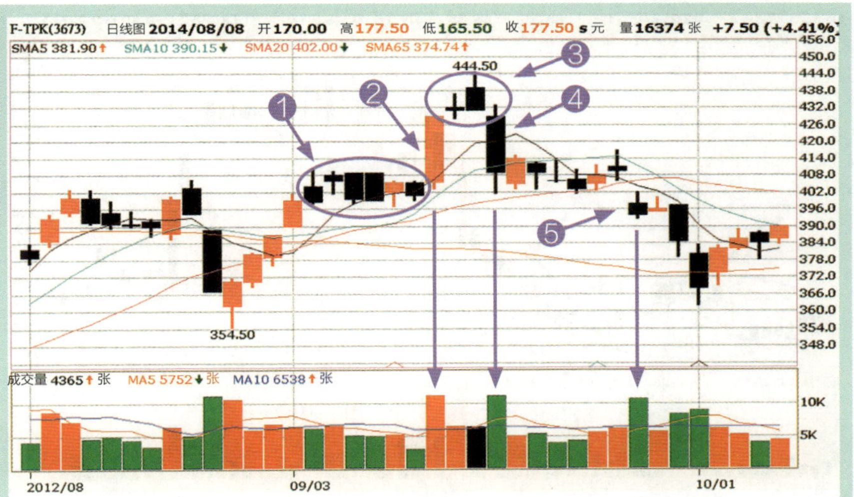

观察每天的K线变化，可以在高档时掌握反转的信号。

❶ 股价连续上涨后，K线在上方横盘5天，多空双方对峙。

❷ 出现大量长红K线，股价上涨，多方胜出。

❸ 连续2天出现黑K变盘线，多方上攻力道减弱，应注意可能向下转折。

❹ 当天开低盘，显示股价上攻的企图不强，收盘出现大量长黑，显示空方力道极强，连续4天K线形成“夜星转折”的向下信号。

❺ 股价于低档盘整6天，出现大量向下跳空的黑K，反转成空头趋势。

资料来源：富邦e01电子交易系统

金刚3 均线

葛兰碧（Joseph Granville）发明的均线，以不同期间的收盘平均值绘成曲线，是一种收盘平均成本的概念。观察股价在均线之上或之下，可以看出股价的强弱走势变化。

均线

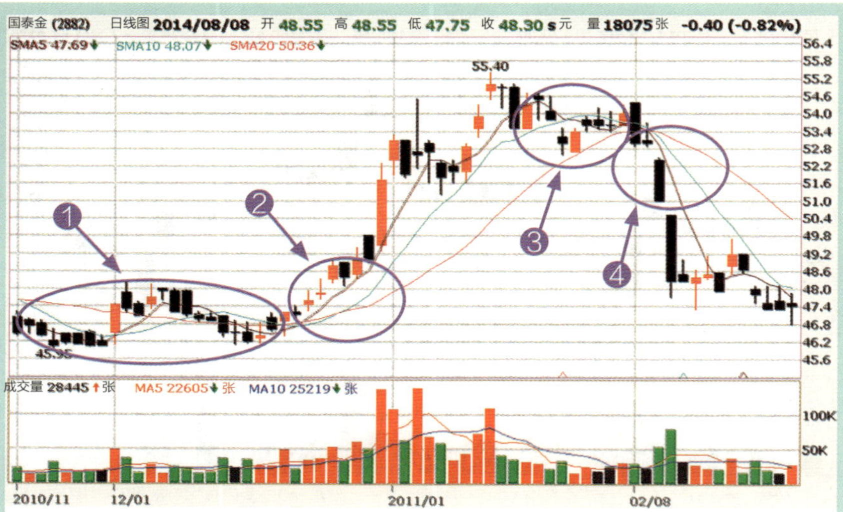

观察5日、10日及20日均线的变化，可以掌握股价方向。

❶ 3条均线相互穿梭交叉，行情上下震荡。
❷ 3条均线排列整齐，同时向上，行情上涨。
❸ 3条均线又相互穿梭交叉，行情上下震荡。
❹ 3条均线排列整齐，同时向下，行情下跌。

资料来源：富邦e01电子交易系统

金刚4 成交量

观察成交量与股价变化的关系，再看所在的位置，就能研判是谁在买、谁在卖。

成交量

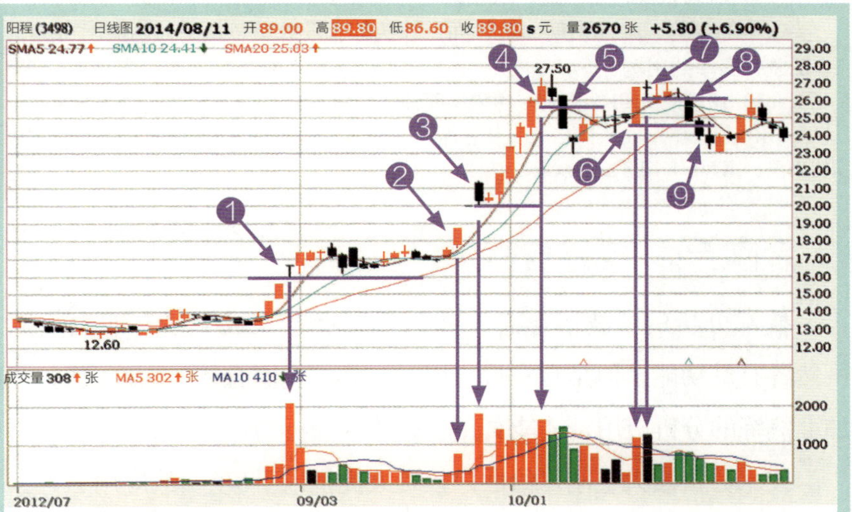

❶ 股价横向盘整后上攻，出现大量，后续股价没有跌破这根大量K线的低点，这是攻击的进货量。

❷ 股价高档盘整之后，再出现大量上攻，次日股价涨停板，这是攻击的进货量。

❸ 股价连续上涨出现黑K大量，后续没有跌破这根大量黑K线的低点，这是续攻的换手量。

❹ 股价连续上涨9天的高档，再出现红K线大量，要密切观察后续股价是否跌破这根大量红K线的低点，决定是出货量还是换手量。

❺ 长黑K线跌破了大量红K线的低点，前面的大量是涨多的出货量。

文接下页

承上页图

❻ 高档回档后，再出现大量长红K线上攻，要密切观察后续股价走势，以及股价是否跌破这根大量长红K线的低点，决定是出货量还是进货量。

❼ 当天出现更大量的变盘十字线，反映昨日大量上涨，今日盘中多空势均力敌，有变盘的味道，要特别注意次日的股价走势。

❽ 次日长黑K线下跌，跌破大量的变盘十字线的低点，同时出现“头头低”的走势，高档出现M头，而且双头都出现大量，是主力明显出货的现象，多单要出场。

❾ 再出现长黑K线下跌，跌破前面长红K线低点，头部大量为主力出货量。

资料来源：富邦e01电子交易系统

金刚合体 实际应战

技术分析的“波浪形态”“K线”“均线”“成交量”四大金刚，虽然各有其功能，但是在实战应用时，必须金刚合体、面面俱到，再加上熟练的分析应用，才能真正发挥技术分析的神奇力量。

技术分析四大金刚可给散户投资人提供以下6项实战应用：

实战1：选出高胜率及高获利率的股票。

实战2：判断最佳进场位置。

实战3：在走势图上设定止损，控制可能的风险。

实战4：看出趋势方向的改变，实时调整多空操作策略。

实战5：买进股票后要用什么方法操作获利。

实战6：卖到相对的高价，赚取最高的止盈。

这六大实战应用正是本书的宗旨，将分别在后续篇章中详细说明。

用对指标 如虎添翼

市场上还有许多指标，以市场数值经验，设定固定参数，反映当下市场的状况。其中有一些是经过相当繁复的数学计算而来的，一般散户没有必要去搞懂，只要了解指标的特性即可。善用指标，配合趋势走向，就可以提高选股进场的成功概率。

最常用的如MACD、RSI、KD等，只要精通1~2个指标，纯熟搭配运用，就能掌握股价变化，在投资上具有加分的功效。

搭配KD指标 判断涨跌趋势

❶ KD指标在低档黄金交叉向上，对应上面走势图，股价开始上涨。

❷ KD指标在高档死亡交叉向下，对应上面走势图，股价开始下跌。

❸ 股价连续上涨，KD指标在80之上，表示超买过热，当上面股价出现下跌黑K线时，开始回档修正。

❹ 上面走势图的高点越来越高，可是对应下面的KD指标却是高点越来越低（红线转折高点），这是指标出现高档背离现象，走势容易做头，后续走势转为空头。

资料来源：富邦e01电子交易系统

第2章 看懂制胜数据再踏入股市

《孙子兵法·计篇》说："夫未战而庙算胜者，得算多也；未战而庙算不胜者，得算少也。多算胜，少算不胜，而况于无算乎！"

这句话是在说明，用兵之道，必须"谋而后战"，战前要先算计自己的取胜条件，取胜的条件够多，然后再出兵，才有获胜的可能，反之则容易失败。仅凭匹夫之勇，毫无算计谋略就出兵，必遭失败。

同样地，在商场上，企业的成功建立在缜密的信息搜集分析、目标设定，以及达成策略的基础上，如果没有远见、没有计划，盲目投资，必会遭到重大的损失。在尔虞我诈、刃不见血的股票市场上，战况之惨烈不亚于战争或商场的竞争，更要有充足的制胜准备及算计，再投入金钱，否则必定赔得血本无归，投资人不可不慎。

台股投资的制胜条件之一，就是要了解影响台股的因素。这些因素分为外在和内在两类，下面分别介绍说明。

影响台股走势的3个外在因素

外在因素指的是其他股市的走势，会对台股造成不同程度的影响。

外在因素1 美国股市四大指数

1. 道琼斯指数（DJ）

道琼工业平均指数，反映美国30种主要制造业的股票行情。

2. S&P 500指数

标准普尔500股价指数，从纽约股票交易所选出美国前500上市股票而编制的股价加权平均指数，涵盖范围较广，能精确反映美国市场状况。

3. 纳斯达克指数（NAS）

属于美国的柜台买卖中心，专门提供高科技股的交易市场，较容易影响台湾电子股的走势。

4. 费城半导体指数

由美国费城证券交易所编制，取样30档半导体上游重量级公司组成，为半导体类股的重要指标。

美国是世界经济的龙头，美股的涨跌自然牵动全球股市，在平常，美股的涨跌与台股的连动性并不高，但是若遇到下面两种情况，对台股的当天走势就会造成影响：

情况1 美股收盘大涨1.5%以上，台股当天容易开高走低。

例如：

2012/08/06：美股+1.7% ➡ 台股开盘7278、收盘7223

2012/09/07：美股+1.9% ➡ 台股开盘7471、收盘7404

2012/11/20：美股+1.7% ➡ 台股开盘7174、收盘7132

2013/10/11：美股+2.2% ➡ 台股开盘8407、收盘8349

美股大涨 台股开高走低

2013/10/11美股大涨323点（+2.2%），台股开高走低。

资料来源：富邦e01电子交易系统

因此，遇到美股大涨，台股会开高，但是不能在开盘去追买股票，因为很容易当天就被套牢。

情况2 美股收盘大跌1.5%以上，台股当天容易开低走高。

例如：

2012/10/22：美股－1.5% ➡ 台股开盘7300、收盘7360

2012/10/24：美股－1.9% ➡ 台股开盘7230、收盘7347

2012/11/08：美股－2.4% ➡ 台股开盘7158、收盘7220

2013/08/16：美股－1.5% ➡ 台股开盘7854、收盘7925

2014/08/01：美股－1.8% ➡ 台股开盘9223、收盘9266

美股大跌 台股开低走高

2013/08/16美股大跌225点（－1.5%），台股指数开低走高。

资料来源：富邦e01电子交易系统

因此，遇到美股大跌，台股会开低，但是不能在开盘去卖股票，因为容易卖在当天最低价。

外在因素2 欧洲股市

欧洲股市原本与台股联动性不高，但在发生欧债危机之后，影响世界经济遽增，虽然欧洲股市与台股联动很小，但我们每天仍然要关注其走势。欧股主要以“德国DAX”“英国富时（FTSE）”“法国CAC”三者为重要指标观察即可。

外在因素3 亚洲股市

1. 日经指数

根据日本股市中具有代表性的225种股价指数编制。上午8点开盘，与台股联动性不高，观察即可。

2. 韩国综合指数

由于韩国近年来成为我国台湾地区重要的竞争对手，因此与台股联动关系密切，大致观察重点如下：

重点1： 影响台股开盘位置：韩国上午8点开盘，接近8:45，韩国上涨0.5%，我们期货指数开盘，大多也会随同上涨0.5%，联动约有八成左右。例如：2013/9/17美股上涨119点（+0.8%），韩股8:40跌11点（－0.5%），台股开盘跌30点（－0.4%），不随美股上涨，而是随韩股下跌。

重点2： 台股盘中走势也会受到韩股盘中大涨大跌的影响。

重点3： 整体大盘走势方向与韩股走势方向大约一致。

重点4： 当天台指期开盘若比韩股弱，今日台股将会走弱。

重点5： 当天台指期开盘若比韩股强，今日台股将会走强。

例如下图中，2013/10/30（摩台结算）美股上涨111点（+0.7%），韩股8:40跌7点（－0.4%），台指期开盘涨16点（+0.2%），与韩股不同步，比韩股强，当天台股上涨44点，同时再创新高。台股走势

台股大盘走势的转折位置

资料来源：富邦e01电子交易系统

韩股大盘走势的转折位置

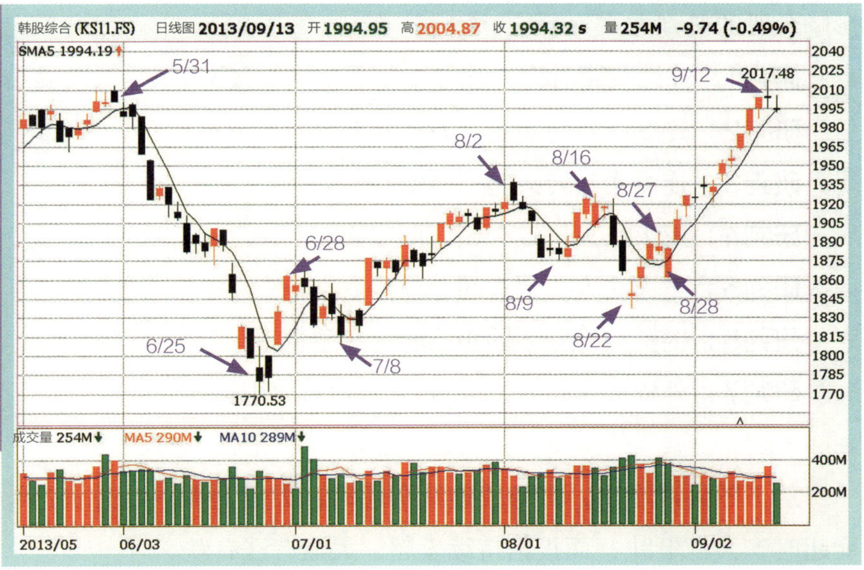

资料来源：富邦e01电子交易系统

的转折位置，与韩股走势的转折位置几乎相同。

3. 中国A股指数

影响中概股走势及传产水泥、钢铁、航运等类股。主要有：

上证A股指数：上午9:30开盘

深圳A股指数：上午9:30开盘

4. 中国香港恒生指数

香港恒生指数于上午10点开盘，与台股联动性不高。

影响台股走势的5个内在因素

内在因素1 法人买卖超

投资人通常会借由三大法人的买卖超看法人对多空的看法。其影响台股的研判方式为：

研判1： 连续买超看多，连续卖超看空（连续3天以上买或卖）。

研判2： 连续买超转卖超，看多转弱。

研判3： 连续卖超转买超，看空转强。

研判4： 三大法人一致买超，同步看多。

研判5： 三大法人一致卖超，同步看空。

研判6： 内资与外资不同步，容易盘整震荡。

研判7： 外资买卖超，主导台股方向比较明显。

从下图可以看出，当外资连续买超时，大盘上涨；当外资连续卖超时，大盘下跌；而投信持续卖超，大盘有涨有跌。

外资对台股涨跌影响大

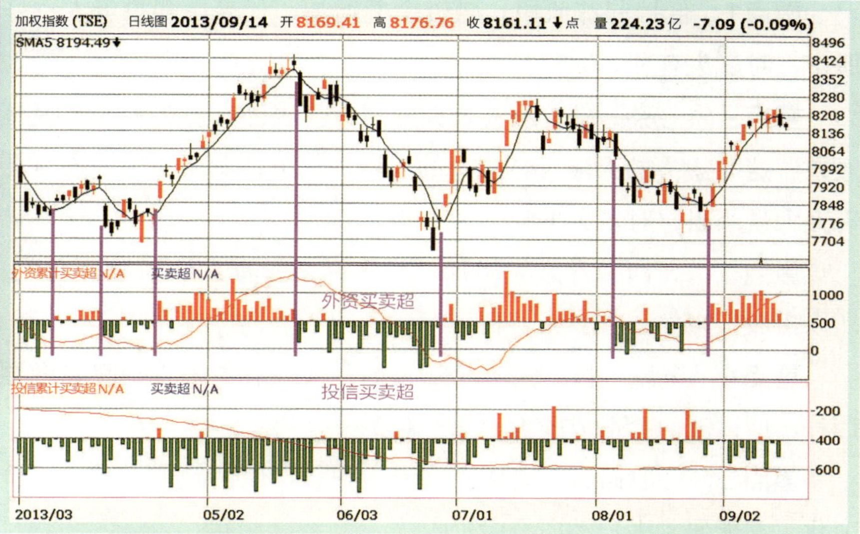

资料来源：富邦e01电子交易系统

内在因素2 融资融券

对融资融券的基本认知有下列4点：

认知1： 融资大部分代表散户，为看多的买盘，是潜在卖压。

认知2： 融券大部分代表大户或法人，为看空的卖盘，是潜在的支撑。

认知3： 价涨代表主力大户看好或看涨，价跌代表主力大户看不好或看跌。

认知4： 资券增减与股票趋势、股价位置、股价涨跌关系密切，要一起研判。

另外，对于资券变化有以下7个分析重点：

重点1： 低档起涨阶段，融资余额增加，代表更多投资人看好股市，对多头有利。

重点2： 上涨一段，融资余额偏高，代表已有许多人手上握有股票，这时想买的人减少，想卖的人增加，上档卖压变重，随时会有人大量杀出，对多头不利。

重点3： 高档融券余额增加，代表许多投资人认为股价会跌，所以借股票来卖，对多头不利。

重点4： 下跌一段，融券余额偏高，代表有更多人早晚要融券回补，所以反而会造成股价上涨，对多头有利。

重点5： 一般而言，融资者多是散户，所以由融资增减与股价变化，常能研判大户动向及股价走势：

① 融资增加、股价上涨：大户与散户都看好后市。

② 融资减少、股价下跌：大户与散户都看坏后市。

③ 融资增加、股价下跌：散户看好后市，大户看坏后市，这也表示大户有可能趁机出脱持股。

④ 融资减少、股价上涨：散户看坏后市，大户看好后市。

重点6： 三大法人的买卖与融资关系：

① 融资增加，法人买进股价看涨。

② 融资减少，法人买进股价看涨。

③ 融资增加，法人卖出股价看跌。

④ 融资减少，法人卖出股价看跌。

重点7： 我们不能只凭资券变化就判定多空，还要配合股票的位置、成交量的变化、股本的大小等，进行整体判断。

内在因素3 法人期指留仓

期指留仓主要有3个观察对象：

对象1： 三大法人——外资、投信、证券自营商。

对象2： 前五大交易人、前十大交易人。

对象3： 前五大特定法人、前十大特定法人。

期指留仓则有下列8个观察重点：

重点1： 所有留仓的对象都持多单，一致看多。

重点2： 所有留仓的对象都持空单，一致看空。

重点3： 所有留仓的对象持单有多有空，看法分歧，盘面容易震荡。

重点4： 外资留单在1.5万口以上（多单或空单），大盘比较容易走外资留单的方向。

重点5： 往结算日靠近时的多单或空单持续增加，也可看出方向。

重点6： 内资（以自营商为主）与外资多空单方向相反达5000口以上，容易对做，盘中容易上下震荡，震幅会扩大。

重点7： 全市场期货未平仓大于8万口，盘中就容易有急涨急跌情形出现。

重点8： 期指结算前3天（含结算日），期货多空单仍大时，可做特定方向。

以下图为例，2014/8/6当天内资投信与自营商合计多单13024口，外资空单17406口，全市场总留仓达80108口，当天盘中出现杀低拉高的拉锯盘走势。

法人期指留仓判断台股走势

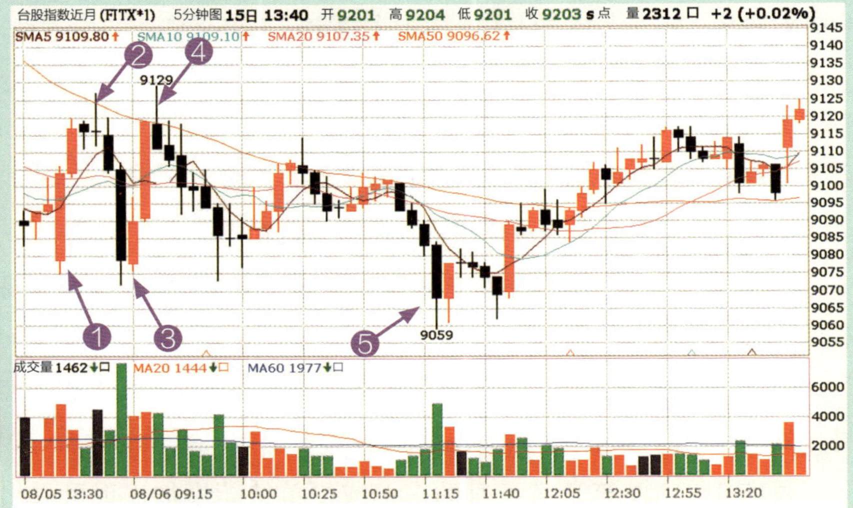

❶ 开低盘急拉。
❷ 拉高急杀。
❸ 杀低急拉。
❹ 拉高再杀到低点。
❺ 拉高再杀到低点。

资料来源：富邦e01电子交易系统

内在因素4 台股的结构变化

变化1： 台股有电子、金融、非金电三大组合，其中电子股影响大盘指数最大，担当大盘指数上涨的攻击部队，金融股担当大盘指数防守的部队，非金电类股是稳盘的角色。所以观察这三大类股走势的强弱，可以掌握大盘的强弱。

变化2： 台指期货量、价、线的走势及电子期、金融期、非金电期的走势为现货的领先反应。

变化3： 新加坡摩根台股指数期货指的量、价、线反映外资交易人对台股未来走势的看法，值得重视。

变化4： 大盘上涨家数与下跌家数的相对比例，以及涨停家数与跌停家数的数量，可以看出多空强弱的气势。

电子股指标： 2330 台积电
2317 鸿海
3673 F-TPK
2498 宏达电
3008 大立光
2454 联发科

金融股指标： 2882 国泰金
2881 富邦金
2886 兆丰金

传产股指标： 1301 台塑
6505 台塑化
1303 南亚
1326 台化
2412 台湾中华电
2002 台湾中钢

变化5：权重指标股的走势，影响大盘指数涨跌甚巨，例如台积电上涨1%，约大盘上涨8点。

内在因素5 宏观政策的影响

宏观政策造成的影响有以下两个状况：

状况1：宏观政策做多或基金护盘，大盘易涨难跌。

状况2：宏观政策做空或认为股市过热，大盘易跌难涨。

第3章

筛选好股票 建立赚钱数据库

好的开始是成功的一半。如果能够投资到好股票，成功获利不但容易，而且惊人。不过，天下没有免费的午餐，想要选到强势股，首先要有方法，然后加上不断练习，选股功力就会日渐增强。选股是进场前的准备工作，也是每天要做的工作，这个步骤做得越好，进场赚钱的机会越大。

我讲授投资理财课程这几年，经常有学生问："台股有1000多档，到底要怎样才能选到会涨的股票？"其实，这也是一般散户常常遇到的问题，因为每个时期都会出现不同的好股票，所以，选股便是投资人的日常功课。

投资人平常就应该搜集具有上涨或下跌潜力的好股票清单，当机会来了，自然就可以从容进场，正所谓：机会是留给有准备的人。

我们可由下面几个方向，逐步选出好的股票。

观察强弱股市　筛选潜力好股

每日收盘后，投资人都可透过券商的交易软件，列出当天涨幅最大或跌幅最大的前100档股票，只要持续追踪，每天观察（当然也要有技术分析的能力），很容易就能发现主流类股、近期的强势股、弱势股、走势很好的波段股、短线转强或转弱的个股，以及日后的黑马潜力股。

筛选好股票有以下7个方式：

筛选1：整理强势股和弱势股

每天收盘后，把当日上涨3.5%以上的强势股票，以及下跌3.5%以上的弱势股票，全部看一遍（至少前50档）。

筛选2：去除坏股票

利用技术分析，去除线形不好、看不出方向、成交量太小（无法多买，买到之后不易卖出），以及价格太低（容易遇到地雷股）的股票。

筛选3：做多潜力股

1. 大盘在月线之上多头，个股呈现多头架构，股价在月线之上，月线上扬。

2. 类股必须是多头，且比大盘强，如以下3张线图。

3. 在强势类股中，找出1~3档龙头股或走势较强势的个股。

4. 提前寻找未来将会发酵的题材，如4G、光纤、节能、智慧电视、物联网、电动车、机器人……

大盘呈现上涨趋势

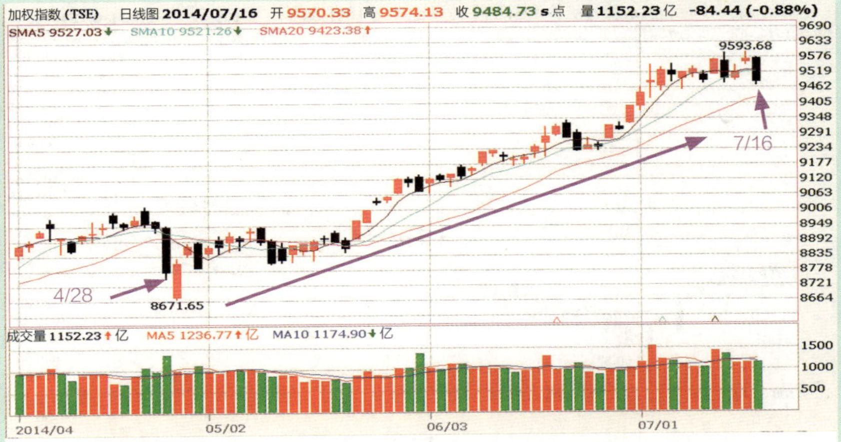

2014/4/28~7/16这段期间，大盘处于多头上涨趋势。

资料来源：富邦e01电子交易系统

电子股同为多头格局

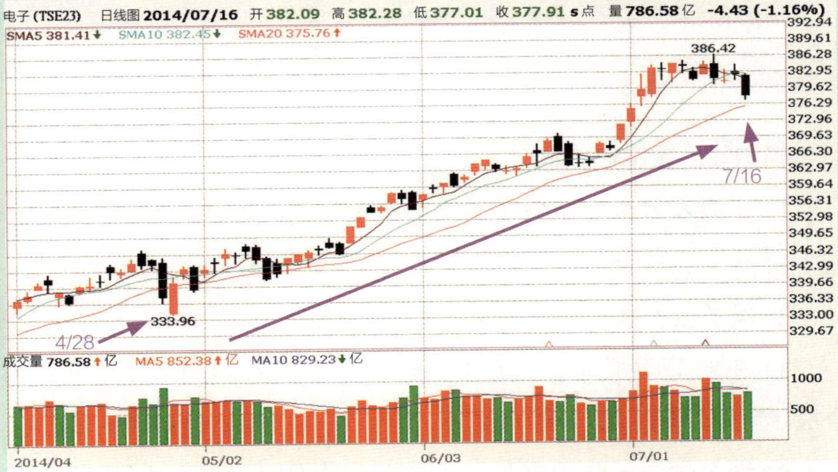

同时期的电子类股走势与大盘一样，是多头向上的趋势，此时做多电子股，就很容易赚钱。

资料来源：富邦e01电子交易系统

金融股出现向上走势

观察同一时期的金融类股走势，在2014/5/23才走出多头趋势往上，此时配合大盘多头，做多金融股，就能轻松获利。

资料来源：富邦e01电子交易系统

筛选4：做空潜力股

1. 大盘在月线之下空头，个股空头架构，股价在月线之下，月线下弯。

2. 类股要空头，比大盘弱，如以下线图。

3. 在弱势类股中，找出1~3档领先下跌的股票或走势最弱的个股。

4. 涨多领先下跌的个股，或是没有基本面、因为炒作超涨后下跌的股票。

建材营造股表现比大盘弱

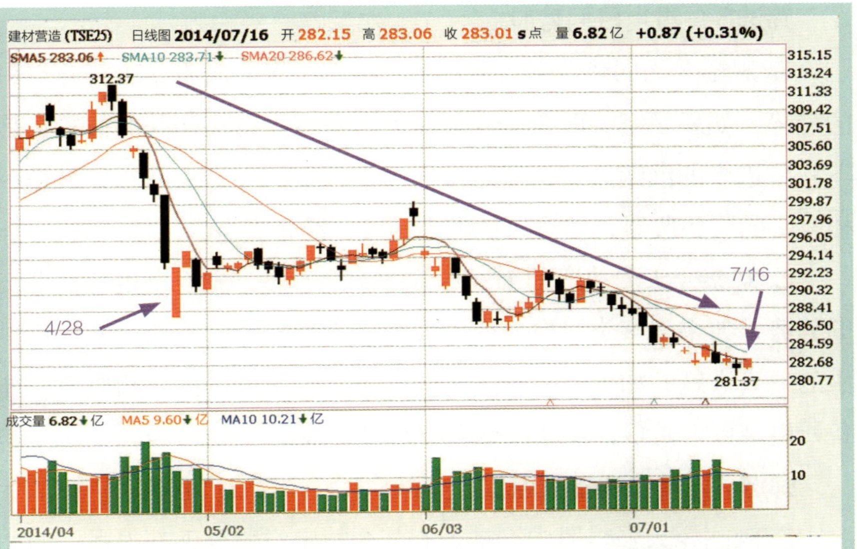

接p.41的“大盘呈现上涨趋势”线图，同一时期的建材营造类股走势是空头趋势往下，此时操作营建股，应做空。

资料来源：富邦e01电子交易系统

筛选5：看当日强势股

1. 观察今天强势股的个股走势图波浪形态，先看是否符合多头的趋势，如果是多头股票，今天大涨是否为多头起攻的位置？是上涨行进中的继续大涨，还是打底或盘整中的一日大涨？如果是一档多头的好股票，就可以挑出来锁股，准备做多。

2. 观察今天强势股的个股走势图波浪形态，先看是否符合空头的趋势，如果是空头股票，今天大涨是否为空头的反弹，或是盘整中的一日大涨？如果是一档空头的好股票，便可以挑出来锁股，准备反弹结束再做空，或者盘整跌破时再做空。

筛选6：看当日弱势股

1. 观察今天弱势股的个股走势图波浪形态，先看是否符合空头的趋势，如果是空头股票，今天的大跌是否为空头起跌的位置？是下跌行进中的继续大跌，还是做头或盘整中的一日大跌？如果是一档空头的弱势股票，就可以挑出来锁股，准备做空。

2. 观察今天弱势股的个股走势图波浪形态，先看是否符合多头的趋势，如果是多头股票，今天大跌是否为多头的回档，或是盘整中的一日大跌？如果是一档多头的好股票，就可以挑出来锁股，准备回档结束再做多，或者盘整突破时再做多。

筛选7：其他观察重点

1. 观察今天强势股中，是否有某个特定类股今天都很强。例如突然看到今天有许多太阳能的股票涨停，就要注意观察太阳能类股是否开始转强。

2. 连续几天都看到某些题材股在发飙，这个题材股就有可能成为主流类股。

3. 前些日子都是强势上涨的多头股票，今天突然在弱势股中看到它跌停板，有可能是这只股票要回档，或者这个类股要转弱了。

4. 多头看价量的配合，筹码变化看三大法人买卖超、融资融券增减，是否有经过洗盘再涨的状况。

5. 看个股周线走势方向如何，观察有没有长线的机会。

6. 观察日线及周线的MACD、KD指标，是否在高档向下或低档向上。

7. 观察近3~5日K线的变化，是否有短线转折的机会。

8. 多头时，看该股是否属于主流股、题材股、应景股、转机股、轧空股。

9. 观察均线的排列及位置，是否呈现多头排列向上或空头排列向下。

10. 预估机会获利空间及风险范围。

11. 看是否有明天可以进场的标的（挑选最佳的3~5档）。

精选好股 建立财库

投资人若能依照上述方法，每天观察强势股和弱势股，就能从中挑出许多有潜力的多头及空头股票，再用这些股票建立一个数据库（也有人称为“水库”），以便于锁股应用。

基本上，锁股可分为锁做多与锁做空两部分，再依据类股的强弱顺序排列，每天检视变化，把最强势、近期有机会发动的股票，优先排列在前5档，这样就能在盘中快速掌握最佳的进场机会。

第4章

要投资稳稳赚 别投机赚价差

在一次退休同事聚餐时，我遇到一位昔日长官的夫人，她听说我对股票略有研究，便问我，若是投资股票被套牢了，该怎么办？

原来，长官于2007年退休时，领了一笔退休金，想着放在银行利息很少，而去买股票，认为配股配息的获利率较高，于是挑选了台湾资产最大、经营稳健的金融股国泰金（2882），并于2007年7月，国泰金股价由高点92元下跌到86元时买进。然而，国泰金却从此一路往下，2013年初聚餐时，股价已剩37.4元。一档股票抱了6年，投入的资金就赔了56.5%，即使配了几年的股利，也不够弥补赔掉的本钱。

大多数散户进入股市都有一个盲点，认为买股票是“投资”，但是真的买进股票之后，却是抱着“投机”的心态，总希望自己买的股票够能快速上涨，如股价不涨或下跌，就卖掉；要不然，就是想投机买进，希望能够快速赚钱，结果股价下跌，又舍不得止损赔钱卖出，甚至觉得公司本质还不错，所以改成长期投资，想分得股息股利，结果造成长期下跌套牢，本金损失惨重。其实，这些做法都不能算是投资。

上面这些做法是投资与投机不分，操作脚步紊乱，当然不可能操作出好绩效。所以，在准备一笔资金投入股市之前，应该要先想清楚，是要“投资”一档股票，领取股息股利，还是“投机”一档股票，赚取差价；这两者的条件和操作的方法、策略大大不同。接下来，就叙述投资与投机的差异：

投资赚股利

● 买股票的目的

1. 打算长期持有。
2. 以获取稳定分配股息、股利为目的。
3. 当股价大幅上涨时，也可卖出股票赚取价差而获利。

● 选股的标的

要投资好的股票，尽量在台湾100、台湾50、富柜100中，挑选基本面好的标的。

● 选股的方法

1. 以基本面为主

公司财务及营业状况，包括公司股本、公司资产、营业项目、董监事、现金流量、营业额年增率及月增率、毛利率、净利率、净值比、近5年以上配股配息状况及政策、财务结构、本益比、公司股东报酬率，并且考虑公司产业的稳定性及产业未来的发展。

2. 以价值型投资为主

研究公司基本面，评估应有的合理价值，例如台湾中华电（2412），公司股本775亿元，净值为48元，近5年配息平均达5元，为国内电信业的龙头，未来发展4G业务，公司经营稳健，评估后合理的投资价值应在50~60元。

判断股票现行价位是否合理，并研究未来经营发展空间，做长期的投资，赚取长期的报酬，股票在合理价位之下即可承接。例如上述的台湾中华电，当价格回到60元之下，就可以考虑长期投资。近3年台湾中华电股价都在90元之上，其实是不适合做长期投资的。

2014年7月，台湾中华电股价在95元上下波动，自然不适合用投资方式买进股票。就技术面而言，下页图中这两根月线突破前面高点的红K线，股价虽然在68元及70元，却是投机买进的好机会，后来股价分别涨到83.2元及111元，分别获利22.4%及58.5%，获利远远超过配股配息。

台湾中华电（2412）历年配股配息					单位：元
年度	现金股利	股票股利			合计
		盈余配股	公积配股	小计	
2013	4.53	0	0	0	4.53
2012	5.35	0	0	0	5.35
2011	5.46	0	0	0	5.46
2010	5.52	0	0	0	5.52
2009	4.06	0	0	0	4.06
2008	3.83	0	1	1	4.83
2007	4.26	0.1	2	2.1	6.36
2006	3.58	0	1	1	4.58
2005	4.3	0.2	0	0.2	4.5
2004	4.7	0	0	0	4.7

股利如以5元计，合理本益比10倍，计算值得长期投资的价位应该是50元，如果股价来到50元以下，是投资的好价位。

台湾中华电长期月线走势图

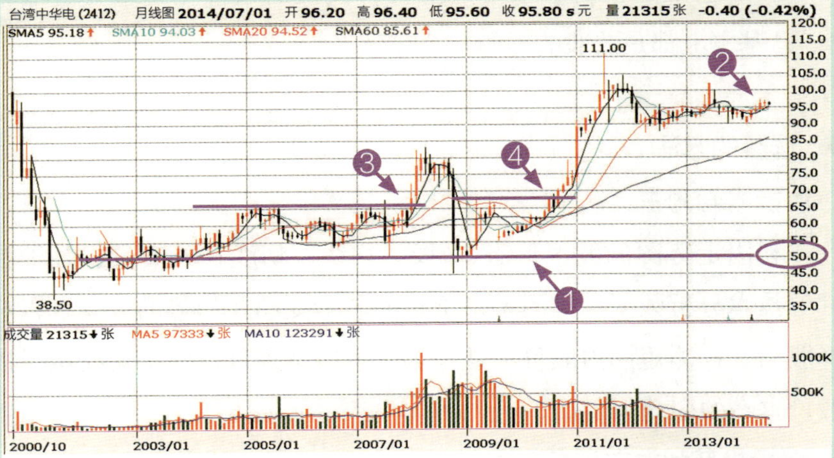

股价本益比10倍的合理价位50元线，从长期月线走势图可看到，股价只要回到50元或50元以下，都是长期投资的好机会。

资料来源：富邦e01电子交易系统

投机赚价差

买股票的目的

1. 不打算长期持有或不以获取股息股利为目的。
2. 在上涨或下跌发动时进场，赚取一段时期股价上涨或下跌的价差利润。
3. 走势不理想或跌破进场时设定的止损，立刻出场。
4. 基本面做参考，以技术面为操作依据，任何价位，只要有上涨或下跌的机会，都可以进场。

选股的标的

全部上市上柜的股票，只要符合投机的条件（技术分析看机会），基本上都是选股的标的。

选股的方法

1. 以技术面为主

利用走势图的波浪形态、K线、均线、切线、成交量、各种指标的技术分析数据，推测未来价格的转折变动及趋势的改变，以选择股票。预测短期内股价涨跌趋势，可以掌握具体的买卖时机，以股价本身的变动为主轴。

2. 以投机获利为主

选择有题材、当下主流、有转机的中小型股票，或者是有主力或法人介入操作的股票，以及技术线形好的强势股。

基本面与技术面是绝配

综合前面所说的重点，可归纳出下面3个重点：

重点1：“基本分析”以公司本身具有的价值，衡量现在股价高低，判断是否值得长期投资。“技术分析”则是透过图形量化指标，推测股价的变动，看是否有上涨或下跌的机会，进场操作价差获利。

重点2： 透过“基本分析”，可以了解所要购买的股票的本质。透过“技术分析”，则可把握具体的买卖时机。

重点3： 成功的投资人是把两种分析结合运用，用“基本分析”估计较长期趋势，用“技术分析”判断短期走势及进出时机。

只要充分了解股票投资与投机的不同之处，我们就可以根据自己买卖股票的定位，在进场前做好准备，选好买进的股票。这样一来，买进股票之后，就很清楚自己在做什么以及要做什么了。

第5章

武装自己 变身股市赢家

投资人如果想要成为股市赢家，必须奉行“投资之道，趋势为师，顺势而为，坚守纪律”的赢家最高圭臬。

投资之道： 想走股票投资这条路，就要找到正确的方向，用正确的方法，做正确的事，才能到达成功获利的彼岸，见到股市如来。

趋势为师： 大盘的趋势方向，就是引领我们前进的明灯，大盘的变化就是淬炼我们的导师，天大地大，趋势最大，投资时，要谦卑恭谨地跟随趋势。

顺势而为： 借力使力，顺水推舟，事半而功倍。顺天应势，得道者富，赚钱如反手折花。

坚守纪律： 股市狡诈，千变万化，迷惑股海众生，人心善变，恐惧贪婪，无法自持，唯定法坚守，以不变之法，照股市众妖，定法依法，去杂乱之源，归万念于一，此定心矣！

穿上赢家的战斗装备

请记住，“机会永远留给准备好的人”。只要你准备好，股票市场永远都有机会。

准备1 下定决心完成目标

- **目标**：达到致富、悠闲、愉快的人生。
- **执行**：学习专业知识、经营事业态度、寻找赚钱方法、积累操作经验、拟订资金计划、训练稳健获利。
- **坚持**：坚持目标决不放弃、坚持每日做功课研究图形、坚持守纪律操作能够赚钱的方法、坚持每日进步。

准备2 安排学习课程

- 技术分析初阶班（1.5~3个月）
- 技术分析中高阶班（1.5~3个月）
- 形态＋心法班（1.5个月）
- 练功班（3~6个月）
- 四大金刚专修班（视个人需要加强）
- 实战操作经验累积（1~2年）

准备3 修炼禅定心法

- 按部就班学习及练功。
- 定法定心，等好机会才进场，做到股不动我不动，股一动我即动。

- 股票赚钱是“等”来的，机会错过，等下次机会。
- 股票赚钱是“忍”来的，止损要忍痛出场，止盈未到要忍住续抱，趋势不明要忍住不要进场。
- 股票赚钱是“稳”来的，胜率高的股票才操作，有获利空间的股票才操作，稳健获利，累积财富。

除了遵守“赢家圭臬”，投资人还必须做好上述几项准备，武装自己，才能成为股市赢家。

投资笔记

第二部分

五大实战步骤

我们把每次进场买股票当作一次交易，每次交易流程包含下面5个步骤，如果对每个步骤都能做好细部规划，并采取正确的动作，在股市中赚钱就变得很容易。能否彻底执行这些步骤，才是成功的关键。

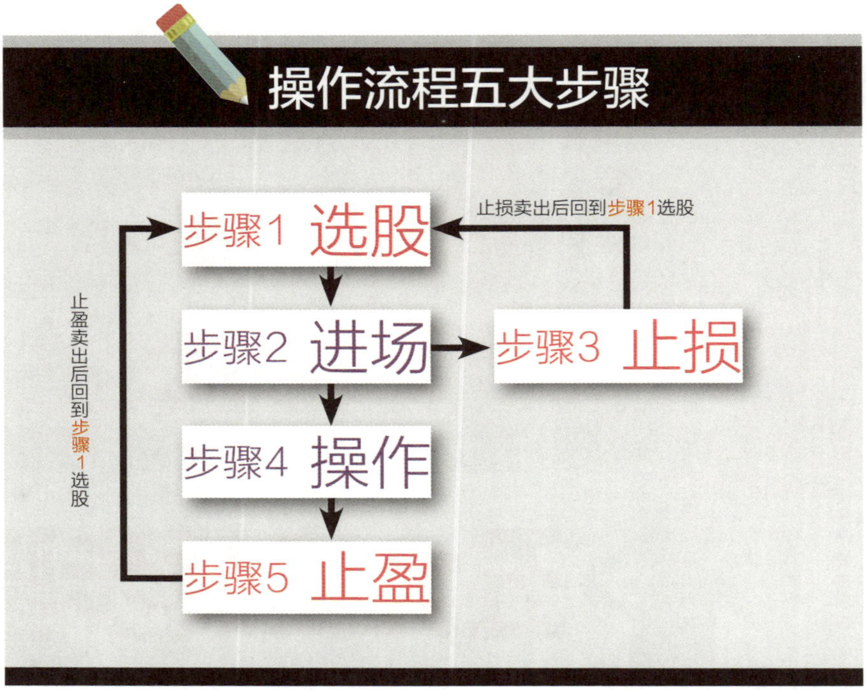

步骤1 选股

- 从基本面、题材面、主流类股、强势股选股。
- 从技术面选股。
- 建立数据库锁股。

步骤2 进场

- 做好资金分配，规划进场数量，采取一次或分批进场。
- 技术面符合条件，决定做多或做空，做长线波段还是短线价差套利。
- 在多空最有利的进场位置，于日线进场。

步骤3 止损

- 进场后立刻设好止损。
- 止损设定后不能更改。
- 严格执行止损。
- 止损结束交易后，再回到步骤1选股。

步骤4 操作

- 依据短、中、长线，选择固定的操作方法。
- 定心定法，守纪律操作。

步骤5 止盈

- 依操作定法的纪律止盈。
- 固定获利目标的止盈。
- 支撑压力的止盈。
- 形态目标的止盈。
- 重大突发危机的止盈。
- 止盈是全部交易的结束，止盈结束后，交易再回到步骤1选股。

❶ 操作流程的五大步骤缺一不可，每个步骤同等重要，必须专心做好每个步骤，才能成功。
❷ 每个流程都是独立运作，完成止损或止盈后，都是另外一次交易的开始。
❸任何交易都无法百分之百成功，每次进场时，对风险的管控永远摆在第一位，要严格执行自己设定的止损。

第1章

步骤1 选股

操作流程的第1步是选股，操作情况不同，选股的条件也不一样。以下将从短、中、长线做多或做空的不同情况，分别探讨选股的条件，读者可从实战范例中了解选股SOP及操作技巧。

① SOP：全称为Standard Operating Procedure，即标准作业程序。

第1节

选股SOP：短线做多

短线操作股票，当股票的日线完成下列几项条件时，可以短线做多：

1. 趋势条件

日线波浪形态（趋势）符合“头头高、底底高”的多头架构。

2. 均线条件

日线的均线3线（MA5、MA10、MA20）多头排列，均线向上（注意：季线如果还在股价上方，而且是下弯走势，当股价上涨靠近时，会有压力产生）。

3. 股价位置

股价收盘在3线（MA5、MA10、MA20）之上，同时看股价在整个上涨趋势中，是位居初升、主升或末升阶段。

4. 成交量

底部打底时有大成交量（代表有人在买），发动攻击上涨的K线有攻击量（当天成交量比前一日成交量增加1.2倍以上，如有2倍以上，攻击力道更强）。

5. 指标参考

日线KD指标黄金交叉向上，MACD指标多头排列向上，OSC绿柱转红柱。

6. 可能的获利目标

- 上面季线、半年线、年线的压力。
- 往上（由右向左看）转折的低点（底部）和高点（头部）的压力。
- 往上盘整区的压力。
- 往上大量向下跳空形成缺口的压力。
- 往上出大量的K线被跌破后，造成后来上涨的压力。
- 下跌趋势形成的下降切线压力。
- 如是形态突破后上涨，形态的目标价满足点会形成压力。

7. 等待进场位置

- 多头回档后再上涨的大量中长红实体K线。
- 多头突破盘整上涨的大量中长红实体K线。

短线做多重点提示

1. 多头向上会遇到上面很多的压力，短线操作先以靠近股价最近的压力，当作短期初步的获利目标。

2. 多头趋势的特性为“见压不是压”，上涨到预定压力时，要观察K线多空力量的变化，出现的K线是否有转折的信号，并且配合个人的操作纪律（例如做短线守5日均线）再决定是否出场，也可以根据到达压力时的获利率，以及与月线的乖离是否太大，决定是否要出场（详见第5章　步骤5　止盈）。

3. 日线短线合乎条件进场，获利出场后，只要多头走势没有改变，可以继续做多，上涨一段之后，走势合乎中长期条件时，可以改为中长期操作。

4. 在任何完美的条件进场，都有一定的失败概率，所以每次操作都要控制好风险，依据个人资金分配，考虑买进的数量和个人所能承担的赔钱风险，设定万一失败止损的位置（详见第3章　步骤3　止损）。

范例1：鈊象日线

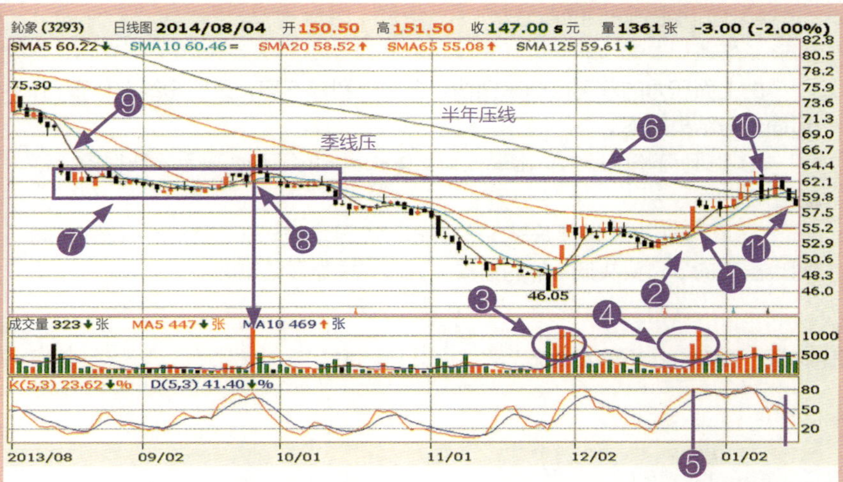

鈊象（3293）2013/12/25，当天出现大量长红K线，以下是符合短线做多的条件：

文接下页

承上页图

❶ 长红K线实体棒，收盘突破前面高点，波浪形态完成“头头高、底底高”的多头趋势。

❷ 均线3线向上排列，股价在3线之上，并且突破季线。

❸ 第一只脚，46.05落底反弹，连续4天爆大量，多方强力反弹往上，同时K线3天出现2个向上跳空缺口的长红。

❹ 多头确认上攻连续2天爆大量。

❺ KD指标多排向上。

符合短线做多的条件之后，再看往上会遇到哪些压力，这些压力就是可能的获利目标。

❻ 半年线向下的压力。

❼ 盘整区的压力。

❽ 大量长红K线的压力。

❾ 向下跳空缺口的压力。

由上面压力的获利目标来预估，上涨获利都不高，只能短线操作获利，后面走势结果如下：

❿ 遇到盘整区压力，出现大量实体长黑K的下跌，表示卖压很重，容易出现回档。

⓫ 再一次出现长黑跌破5日均线及10日均线，KD指标空头排列，同时也出现向下“头头低”的趋势改变，短线操作要结束做多。

资料来源：富邦e01电子交易系统

范例2：迅杰日线

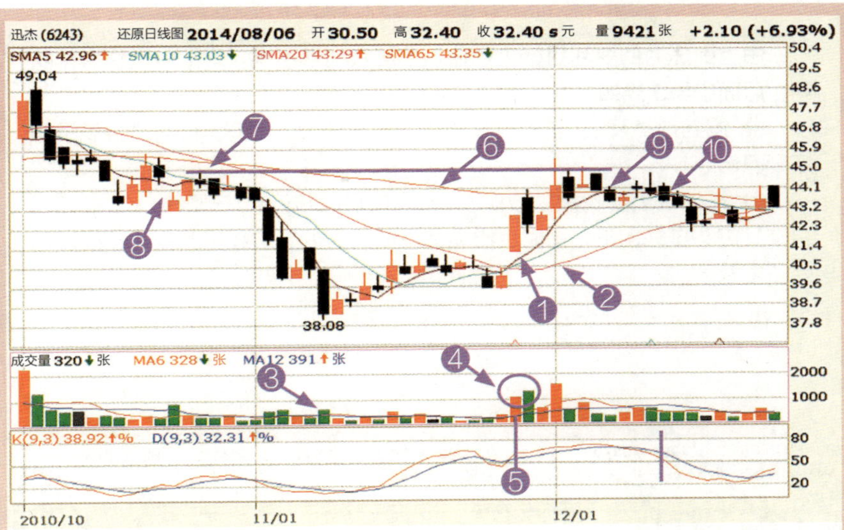

迅杰（6243）2010/11/26，当天出现大量长红K线，以下是符合短线做多的条件：

❶ 向上跳空长红K线实体棒，收盘突破前面高点，波浪形态完成“头头高、底底高”的多头趋势。

❷ 均线3线向上多头排列，股价在3线之上。

❸ 第一只脚38.08落底反弹，当天大量，多方后续反弹往上到月线，再下跌打第二只脚。

❹ 多头确认上攻连续2天爆大量。

❺ KD指标黄金交叉多排向上。

符合短线做多的条件之后，再看往上会遇到哪些压力，这些压力就是可能的获利目标。

❻ 季线向下的压力。

❼ 前面高点的压力。

❽ 向下跳空缺口的压力。

文接下页

承上页图

由上面压力的获利目标来预估，上涨获利都不高，只能做短线操作获利，后面走势结果如下：

❾ 遇到前高及缺口的压力，出现黑K的下跌，跌破5日均线，表示遇压要回档。

❿ 再一次出现长黑跌破5日均线、10日均线及65日季线，KD指标死亡交叉空头排列向下，同时也出现向下“头头低”的趋势改变，短线操作要结束做多。

资料来源：富邦e01电子交易系统

范例3：迅杰日线

迅杰2012/1/30，当天出现向上跳空大量长红K线，以下是符合短线做多的条件：

❶ 向上跳空长红K线实体棒，收盘突破头肩底盘整高点，形态确认，

文接下页

承上页图

同时“头头高、底底高”的多头趋势也确认。

❷ 均线3线向上多头排列，股价在3线之上。

❸ 第一只脚，12.8落底反弹，当天大量，多方后续反弹往上突破月线到前面高点，为多方强力反弹，然后高档盘整，形成头肩底形态。

❹ 形态完成，多头确认上攻连续攻击大量。

❺ KD指标黄金交叉多排向上。

符合短线做多的条件之后，再看往上会遇到哪些压力，这些压力就是可能的获利目标。

❻ 头肩底形态确认上涨的目标价的压力。

❼ 前面大量长红K线及前面高点的压力。

❽ 盘整区的压力。

由上面压力的获利目标来预估，上涨有获利空间，可以做短线操作获利，后面走势结果如下：

❾ 遇到前面盘整区的压力，出现爆大量，长上影线的变盘线，要密切注意后面几天的走势。

❿ 黑K线收盘跌破盘整8天的K线，跌破5日、10日均线，遇压要回档。

⓫ 再一次出现长黑跌破5日均线、10日均线及20日月线，KD指标死亡交叉空头排列向下，结束短线做多操作。

资料来源：富邦e01电子交易系统

第2节

选股SOP：短线做空

短线操作股票，当股票的日线完成下列几项条件时，可以短线做空：

1. 趋势条件

日线波浪形态（趋势）符合“头头低、底底低”的空头架构。

2. 均线条件

日线的均线3线（MA5、MA10、MA20）空头排列，均线向下（注意：季线如果还在股价下方，而且是上扬走势，当股价下跌靠近时，会有支撑力量）。

3. 股价位置

股价收盘在3线（MA5、MA10、MA20）之下，同时看股价在整个下跌趋势中，是位居初跌、主跌或末跌阶段。

4. 成交量

头部做头时有大成交量（代表主力出货），发动下跌向下的黑K线，出现中长黑K的实体棒，或向下跳空黑K的实体棒，有大量配合（当天成交量比前一日成交量增加1.2倍以上），下跌力道更强，没有放量，仍然会下跌（空头下跌，在起跌时因散户还没有警觉或抱着等上涨少赔再卖的心态，量没有放太大，但后续如再下跌，就容易出现恐慌性大量卖出）。

5. 指标参考

日线KD指标死亡交叉向下，MACD指标空头排列向下，OSC红柱转绿柱。

6. 可能的获利目标

- 下面季线、半年线、年线的支撑。
- 往下（由右向左看）转折的高点（头部）和低点（底部）的支撑。
- 往下盘整区支撑。
- 往下大量向上跳空形成缺口的支撑。
- 往下出大量的K线被突破后，再下跌时下面的出大量的K线造成的支撑。
- 上涨趋势形成的上升切线支撑。
- 如果是形态跌破后的下跌，形态的目标价满足点也会形成支撑。

7. 等待进场位置

- 空头反弹后再下跌的中长黑实体K线。
- 空头跌破盘整下跌的中长黑实体K线。

短线做空重点提示

1. 空头向下会遇到下面很多的支撑，短线操作先以靠近股价最近的支撑，当作短期初步的获利目标。

2. 空头趋势的特性为“见撑不是撑”，所以下跌到预定支撑时，要观察K线的多空力量的变化，出现的K线是否有转折的信号，并且配合个人的操作纪律（例如做短线守5日均线）再决定是否回补，也可以根据到达支撑时的获利率，以及月线的乖离是否太大，决定是否要回补（详见第5章 步骤5 止盈）。

3. 日线短线合乎条件进场，获利回补后，只要空头走势没有改变，可以继续做空，下跌一段之后，走势合乎中长期条件时，可以改为中长期操作。

4. 在任何完美的条件进场，都有一定的失败概率，所以每次操作都要控制好风险，依据个人资金分配，考虑放空的数量和个人所能承担的赔钱风险，设定万一失败止损的位置（详见第3章 步骤3 止损）。

短线做空实战范例

范例1：智易日线

智易（3596）2011/11/10，当天出现向下跳空大量长黑K线，以下是符合短线做空的条件：

❶ 向下跳空长黑K线实体棒，收盘跌破前面低点，空头的“头头低、底底低”的趋势也确认。

❷ 均线3线向下空头排列，股价在3线之下。

❸ 第一个头，41.6创高，当天大量后回档。

❹ 高档放大量长红K线，在前高41.6之前放出大量，为关前大量，要密切注意，后续如果不能突破高点拉回，容易形成“头头低”的头部。

❺ KD指标空排向下。

符合短线做空的条件之后，再往下看会遇到哪些支撑，这些支撑就是可能的获利目标。

❻ 季线向上的支撑。

❼ 大量向上跳空缺口长红K线的支撑。

文接下页

承上页图

⑧ 双脚打底的支撑。

由上面支撑的获利目标来预估，下跌有获利空间，可以做短线操作获利，后面走势结果如下：

⑨ 下跌遇到大量向上跳空缺口长红K线的支撑，出现实体长红K的反弹，表示买盘很强，同时KD指标黄金交叉向上，容易反弹。

⑩ 下跌遇到双脚打底的支撑，出现止跌变盘线，次日开高跳空强力反弹，突破5日均线及10日均线，KD指标黄金交叉多头排列。

⑪ 大量长红K线，收盘突破前面高点，也突破月线，波浪形态趋势改变，停止操作。

资料来源：富邦e01电子交易系统

范例2：台积电日线

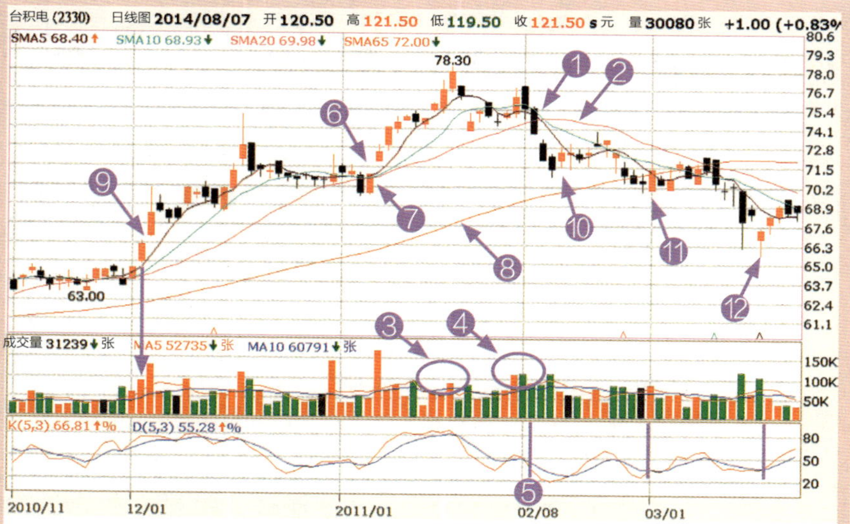

台积电（2330）2011/2/9，当天出现向下大量长黑K线，以下是符合短线做空的条件：

① 向下长黑K线实体棒，收盘跌破前面低点，空头的“头头低、底底

文接下页

承上页图

低”的趋势确认。

❷ 均线3线向下空头排列，股价在3线之下。

❸ 第一个头，78.3创高后，次2日大量向下跳空回档。

❹ 高档连续2日放大量，股价不涨反跌，大量长黑K线向下，形成空头的头部。

❺ KD指标空排向下。

符合短线做空的条件之后，再往下看会遇到哪些支撑，这些支撑就是可能的获利目标。

❻ 大量向上跳空缺口支撑。

❼ 转折向上的低点支撑。

❽ 季线向上的支撑。

❾ 大量向上跳空缺口支撑。

由上面支撑的获利目标来预估，下跌有获利空间，可以做短线操作获利，后面走势结果如下：

❿ 下跌遇到大量向上跳空缺口长红K线的支撑，出现止跌反弹的变盘线，容易反弹。

⓫ 下跌遇到转折向上的低点支撑，出现长红吞噬反弹信号，KD指标黄金交叉。

⓬ 下跌遇到大量向上跳空缺口长红K线的支撑，出现大量长下影线止跌反弹的变盘线，次日开高跳空向上反弹。

资料来源：富邦e01电子交易系统

范例3：联发科日线

联发科（2454）2011/11/3，当天出现向下大量长黑K线贯穿前一日红K低点，以下是符合短线做空的条件：

❶ 向下大量长黑K线实体棒，贯穿前一日红K低点，收盘跌破前面低点，空头的“头头低、底底低”的趋势确认。

❷ 均线3线向下空头排列，股价在3线之下。

❸ 第一个头，348大量创高后，次两日长黑K线向下跳空回档。

❹ 高档再放大量，股价后续没有再创348高点，形成价量背离，要密切注意盘头下跌的可能性很高。

❺ KD指标空排向下。

符合短线做空的条件之后，再往下看会遇到哪些支撑，这些支撑就是可能的获利目标。

❻ 季线向上的支撑。

❼ 转折向上的低点支撑。

❽ 大量向上跳空缺口支撑。

文接下页

承上页图

❾ 转折向上的低点支撑。
❿ 转折向上的低点支撑。

由上面支撑的获利目标来预估，下跌有获利空间，可以做短线操作获利，后面走势结果如下：

⓫ 下跌遇到转折向上的低点支撑，出现母子怀抱止跌反弹的变盘信号，容易反弹。

⓬ 下跌遇到转折向上的低点支撑，出现长红止跌反弹信号，KD指标黄金交叉。

⓭ 下跌遇到转折向上的低点支撑，出现长红K线止跌反弹的信号，次日开高跳空向上反弹。

资料来源：富邦e01电子交易系统

第3节

选股SOP：中线做多

中线操作股票，当股票的周线符合下列几项条件时，可以中线做多：

1. 趋势条件

周线波浪形态（趋势）符合“头头高、底底高”的多头架构。

2. 均线条件

周线的均线3线（MA5、MA10、MA20）多头排列，均线方向向上（注意：MA60如果还在股价上方，而且是下弯走势，当股价上涨靠近时，会有压力产生）。

3. 股价位置

股价收盘在周线的均线3线（MA5、MA10、MA20）之上，同时看股价在整个上涨趋势中，是位居初升、主升或末升阶段。

4. 成交量

周线底部打底时有大成交量（代表有人在买），发动攻击向上上涨的K线有攻击量（当周成交量比前一周成交量增加1.2倍以上，如果有2倍以上的量，攻击力道更强）。

5. 指标参考

周线KD指标黄金交叉向上，MACD指标多头排列向上，OSC绿柱转红柱。

6. 可能的获利目标

- 上面MA60、MA125均线的压力。
- 前面（由右向左看）转折的低点（底部）和高点（头部）的压力。
- 前面盘整区压力。
- 前面大量向下跳空，形成缺口的压力。
- 前面出大量的K线被跌破之后，再上涨时前面的出大量的K线造成的压力。
- 下跌趋势形成的下降切线压力。
- 如果是形态突破后的上涨，形态的目标价满足点也会形成压力。

7. 等待进场位置

- 周线多头回档后再上涨的红K，在日线进场。
- 周线多头盘整突破上涨的红K，在日线进场（详见第2章 步骤2 进场）。

中线做多重点提示

1. 多头向上会遇到上面很多的压力，中线操作先以靠近股价最近的压力，当作短期初步的获利目标。

2. 多头趋势的特性为“见压不是压”，所以上涨到预定压力时，要观察周K线多空力量的变化，出现的K线是否有转折的信号，并且配合个人操作纪律（例如做中短线守周MA5均线）再决定是否出场，也可以根据到达压力时的获利率，以及MA20均线的乖离是否太大，决定是否要出场（详见第5章 步骤5 止盈）。

3. 周线合乎条件进场，获利出场后，只要多头走势没有改变，就可以继续做多。

4. 周线底部合乎中期操作条件完成后，要回到日线，先依照短线操作方法进场操作，当获利拉开成本区时，再用中长线方法操作。

5. 在任何完美的条件进场，都有一定的失败概率，所以每次操作都要控制好风险，依据个人资金分配，考虑买进的数量和个人所能承担的赔钱风险，设定万一失败止损的位置（详见第3章 步骤3 止损）。

中线做多实战范例

范例1：晶豪科周线

晶豪科（3006）2013/2/25，当周出现大量长红K线，以下是符合中线做多的条件：

❶ 长红K线实体棒，收盘突破前面高点，波浪形态完成“头头高、底底高”的多头趋势。

❷ 均线3线向上多头排列，股价在3线之上，并且也突破MA60。

❸ 第一只脚，18.5落底反弹，多方强力反弹到MA60才遇压拉回打第二只脚，多头确认上攻连续2天爆大量。

❹ KD指标黄金交叉向上。

符合中线做多件的条件之后，在周线往上，看会遇到哪些压力，这些压力就是中期走势可能的获利目标。

❺ 前面转折高点的压力。

❻ 再往上前面转折高点的压力。

文接下页

承上页图

❼ 上面盘整区的压力。

❽ 上面大量长红K线的压力。

由上面压力的获利目标来预估，上涨有获利空间，可以做中期操作获利，后面走势结果如下：

❾ 遇到前面两个转折高点的压力，当周出现大量，长红实体K线突破压力，多头强势继续上涨，自然继续做多。

❿ 周线连续上涨13周，遇到盘整区压力，并且爆大量，要密切注意盘整压力是否能够突破。

⓫ 周线高档出现长黑K线，收盘跌破前一周的K线低点，跌破MA5均线，显示遇盘整区压力要回档。同时KD指标死亡交叉空头排列向下，后续长黑K跌破MA10，波浪形态出现“头头低、底底低”空头趋势，结束中线做多操作。

附注：这次上涨15周，将近4个月的多头，可以称为中期走势。

资料来源：富邦e01电子交易系统

范例2：合勤控周线

文接下页

承上页图

合勤控（3704）2013/10/21，当周出现大量长红K线，以下是符合中线做多的条件：

❶ 长红K线实体棒，收盘突破前面高点，波浪形态完成“头头高、底底高”的多头趋势。

❷ 均线3线向上多头排列，股价在3线之上，并且也突破MA60。

❸ 第一只脚，11.65落底反弹，多方强力反弹到前面高点才遇压拉回，打底整理，底部放大量上涨。

❹ KD指标黄金交叉向上。

符合中线做多的条件之后，在周线往上，看会遇到哪些压力，这些压力就是中期走势可能的获利目标。

❺ 前面两个转折高点的压力。

❻ 再往上前面大量转折高点的压力。

由上面压力的获利目标来预估，上涨有获利空间，可以做中期操作获利，后面走势结果如下：

❼ 周线连续上涨12周，遇到前面大量转折高点的压力，当周出现十字黑K变盘线，同时有价量背离，要注意高档遇压的回档修正。

❽ 再次出现爆大量的长上影线的变盘线，而且没有过上次变盘线的高点，同时KD指标空排向下，要密切注意股价不可再往下跌破。

❾ 周线高档出现长黑K线，收盘跌破前一周的K线低点，跌破MA5、MA10、MA20均线，波浪形态出现“头头低、底底低”的空头趋势，结束中线做多操作。

附注：这次上涨12周，将近3个月的多头，可以称为中期走势。

资料来源：富邦e01电子交易系统

范例3：毅嘉周线

毅嘉（2402）2009/3/23，当周出现大量长红K线，以下是符合中线做多的条件：

❶ 向长红K线实体棒，波浪形态完成“头头高、底底高”的多头趋势。

❷ 均线3线向上多头排列，股价在3线之上。

❸ 第一只脚，5.75落底打底整理，底部放大量上涨。

❹ KD指标黄金交叉向上。

符合中线做多的条件之后，在周线往上，看会遇到哪些压力，这些压力就是中期走势可能的获利目标。

❺ 周MA60均线向下的压力。

❻ 再往上前面头部盘整的压力。

由上面压力的获利目标来预估，上涨有获利空间，可以做中期操作获利，后面走势结果如下：

文接下页

承上页图

❼ 周线连续上涨15周，遇到上面周MA60均线向下的压力，当周出现黑K线，跌破前一周K线最低点，也跌破MA5均线，同时有价量背离，容易高档遇压的回档修正。

❽ 周线回档后再连续上涨27周，高档出现爆大量的长红K线，遇到前面头部盘整的压力区，要密切注意股价不可往下。

❾ 周线高档出现长黑K线，收盘跌破前一周十字变盘K线的低点，也跌破MA5均线，遇压区容易回档。

附注：这次整个上涨27周，超过半年的多头，为中期走势。

资料来源：富邦e01电子交易系统

第4节

选股SOP：中线做空

中线操作股票，当股票的周线完成下列几项条件时，可以中线做空：

1. 趋势条件

周线波浪形态（趋势）符合“头头低、底底低”的空头架构。

2. 均线条件

周线的均线3线（MA5、MA10、MA20）空头排列，均线方向向下（注意：MA60如果还在股价下方，而且是上扬走势，当股价下跌靠近时，会有支撑作用）。

3. 股价位置

股价收盘在周线的均线3线（MA5、MA10、MA20）之下，同时看股价在整个下跌趋势中，位居初跌、主跌或末跌阶段。

4. 成交量

周线头部盘头时有大成交量（代表有人在卖），发动下跌向下的K线有放量（当周成交量比前一周成交量增加1.2倍以上，如果有

2倍以上的量，下跌的力道更强），没有放量也同样会下跌。

5. 指标参考

周线KD指标死亡交叉向下，MACD指标空头排列向下，OSC红柱转绿柱。

6. 可能的获利目标

- 下面MA60、MA125均线的支撑。
- 前面（由右向左看）转折的高点（头部）和低点（底部）的支撑。
- 前面盘整区支撑。
- 前面大量向上跳空，形成缺口的支撑。
- 前面出大量的K线被突破之后，再下跌时前面出大量的K线形成的支撑。
- 上涨趋势形成的上升切线支撑。
- 如果是形态跌破后的下跌，形态的目标价满足点也会形成支撑。

7. 等待进场位置

- 周线空头反弹后再下跌的黑K，在日线进场。
- 周线空头盘整跌破下跌的黑K，在日线进场（详见第2章 步骤2 进场）。

中线做空重点提示

1. 空头向下会遇到下面很多的支撑，中线操作先以靠近股价最近的支撑，当作短期初步的获利目标。

2. 空头趋势的特性为“见撑不是撑”，所以下跌到预定支撑时，要观察周K线的多空力量的变化，出现的K线是否有转折的信号，并且配合个人的操作纪律（例如做中短线守周MA5均线）再决定是否出场，也可以根据到达压力时的获利率，以及MA20均线的乖离是否太大，决定是否要出场（详见第5章 步骤5 止盈）。

3. 周线合乎条件进场，获利出场后，只要空头走势没有改变，可以继续做空。

4. 周线头部合乎中期操作条件完成后，要回到日线，先依照短线操作方法进场操作，当获利已经拉开成本区时，再用中长线方法操作。

5. 在任何完美的条件进场，都有一定的失败概率，所以每次操作都要控制好风险，依据个人资金分配，考虑买进的数量和个人所能承担的赔钱风险，设定万一失败止损的位置（详见第3章 步骤3 止损）。

中线做空实战范例

范例1：台聚周线

台聚（1304）1997/4/28，当周出现长黑K线，以下是符合中线做空的条件：

❶ 长黑K线实体棒，收盘跌破横盘5周的低点，头部放大量，波浪形态完成“头头低、底底低”的空头趋势。

❷ 均线3线向下空头排列，股价在3线之下。

❸ 头部反转，空方连续下跌，空头确认且连续高档爆大量。

❹ KD指标死亡交叉向下。

符合中线做空的条件之后，在周线往下，看会遇到哪些支撑，这些支撑就是中期走势可能的获利目标。

❺ 周MA60均线向上的支撑。

❻ 再往下转折高点的支撑。

文接下页

承上页图

⑦ 再往下转折高点的支撑。

⑧ 再往下转折低点的支撑。

由上面支撑的获利目标来预估，下跌有获利空间，可以做中期操作获利，后面走势结果如下：

⑨ 周线由最高点连续下跌5周，遇到周MA60均线向上的支撑，及前转折高点的支撑，当周出现大量长红K线反弹。

⑩ 周线反弹后再连续下跌3周，遇到前转折高点的支撑，出现大量红K线反弹。

⑪ 周线反弹后再连续下跌6周，遇到前面转折低点的支撑，出现大量红K线反弹。

⑫ 周线低档出现大量长红K线，同时打底向上突破前面高点，完成“底底高、头头高”的多头趋势，结束空头操作。

附注：这次空头趋势下跌超过半年，为中期空头走势。

资料来源：富邦e01电子交易系统

范例2：联发科周线

文接下页

承上页图

联发科（2454）2010/5/17，当周出现长黑K线，以下是符合中线做空的条件：

❶ 大量长黑K线实体棒，收盘跌破前面低点，波浪形态完成“头头低、底底低”的空头趋势。

❷ 均线3线向下空头排列，股价在3线之下。

❸ 头部盘头期间长期价量背离，长黑K线下跌放大量。

❹ KD指标死亡交叉向下。

符合中线做空的条件之后，在周线往下，看会遇到哪些支撑，这些支撑就是中期走势可能的获利目标。

❺ 周MA60均线向上的支撑。

❻ 再往下转折低点的支撑。

❼ 再往下转折低点的支撑。

❽ 再往下转折高点的支撑。

❾ 再往下大量跳空缺口的支撑。

❿ 再往下5周盘整的支撑。

由上面支撑的获利目标来预估，下跌有获利空间，可以做中期操作获利，后面走势结果如下：

⓫ 周线反弹后再连续下跌3周，前面转折高点的支撑，出现盘整。

⓬ 周线盘整后再连续下跌9周，遇到前转折低点及跳空缺口的支撑，出现大量红K线反弹。

⓭ 周线反弹后再连续下跌9周，遇到前面盘整的支撑，出现止跌的横盘。周线空头趋势尚未结束，后续仍继续空头操作。

附注：这次空头趋势下跌超过半年，为中期空头走势。

资料来源：富邦e01电子交易系统

范例3：台积电周线

台积电（2330）2003/10/20，当周出现长黑K线，以下是符合中线做空的条件：

❶ 大量长黑K线实体棒，收盘跌破前面低点，波浪形态完成“头头低、底底低”的空头趋势，KD指标死亡交叉向下，但是股价仍在MA20均线上方，不符合中线做空，只可以回到日线做短空。

❷ 大量长黑K线实体棒，收盘跌破前面低点，均线3线向下空头排列，股价在3线之下，符合中线做空的条件，可以做中期空头操作。

❸ KD指标死亡交叉向下。

符合中线做空的条件之后，在周线往下，看会遇到哪些支撑，这些支撑就是中期走势可能的获利目标。

❹ 往下盘整区的支撑。

❺ 周MA60均线向上的支撑。

❻ 再往下大量长红K线的支撑。

❼ 再往下转折低点的支撑。

文接下页

承上页图

由上面支撑的获利目标来预估，下跌有获利空间，可以做中期操作获利，后面走势结果如下：

❽ 周线下跌遇到MA60均线及前面盘整区的支撑，出现反弹。

❾ 周线反弹后再下跌4周，遇到大量长红K线的支撑，出现反弹。

❿ 周线反弹后再下跌，遇到转折低点的支撑，出现止跌打底。

⓫ 周线大量长红K线上涨，完成“头头高、底底高”的多头趋势，空头趋势结束，停止空头操作。

附注：这次空头趋势下跌超过半年，为中期空头走势。

资料来源：富邦e01电子交易系统

第5节

选股SOP：长线做多

长线操作股票，当股票的月线完成下列几项条件时，可以长线做多：

1. 趋势条件

月线价量要有下列条件之一：

- 月线底部出现长红K线实体棒，同时要放大量，突破下降切线（此时周线要符合中线做多条件）。
- 月线底部打底盘整，出现“底底高”长红K线实体棒，同时要放大量（此时周线要符合中线做多条件）。
- 月线底部完成“头头高、底底高”多头趋势，同时底部要放大量。

2. 均线条件

月线的均线至少要2线（MA5、MA10）多头排列，均线方向向上（注意：MA20、MA60如果还在股价上方，而且是下弯走势，当股价上涨靠近时，会有压力产生）。

3. 股价位置

股价收盘要在月线的均线2线（MA5、MA10）之上，同时要看股价在整个上涨趋势中，是位居初升、主升或末升阶段。

4. 成交量

月线底部打底时要有大成交量（代表有人在买），发动攻击向上上涨的K线要有攻击量（当月成交量比前一月成交量增加1.5倍以上，如果有2倍以上的量，攻击力道更强）。

5. 指标参考

月KD指标黄金交叉向上，MACD指标多头排列向上，OSC绿柱转红柱。

6. 目标设定

MA20、MA60均线压力、前面头部压力、前面盘整区压力、前面大量K线压力、前面大量缺口压力、形态目标价。

7. 等待进场位置

- 周线多头回档后再上涨的大量中长红K。
- 周线多头盘整突破上涨的大量中长红K（详见第2章 步骤2 进场）。

长线做多重点提示

1. 多头向上会遇到上面很多的压力，长线操作先以靠近股价最近的压力，当作短期初步的获利目标。

2. 多头趋势的特性为“见压不是压”，所以上涨到预定压力时，要观察周K线多空力量的变化，出现的K线是否有转折的信号，并且配合个人的操作纪律（例如做长线守周MA20均线）再决定是否出场，也可以根据到达压力时的获利率，以及MA20均线的乖离是否太大，决定是否要出场（详见第5章 步骤5 止盈）。

3. 周线合乎条件进场，获利出场后，只要多头走势没有改变，就可以继续做多。

4. 月线底部合乎做长期操作条件完成后，要回到周线，先依照中线操作方法进场操作，当获利已经拉开成本区时，再用长线方法操作。

5. 在任何完美的条件进场，都有一定的失败概率，所以每次操作都要控制好风险，依据个人资金分配，考虑买进的数量和个人所能承担的赔钱风险，设定万一失败止损的位置（详见第3章 步骤3 止损）。

长线做多实战范例

范例1A：西柏月线多头走势确认位置

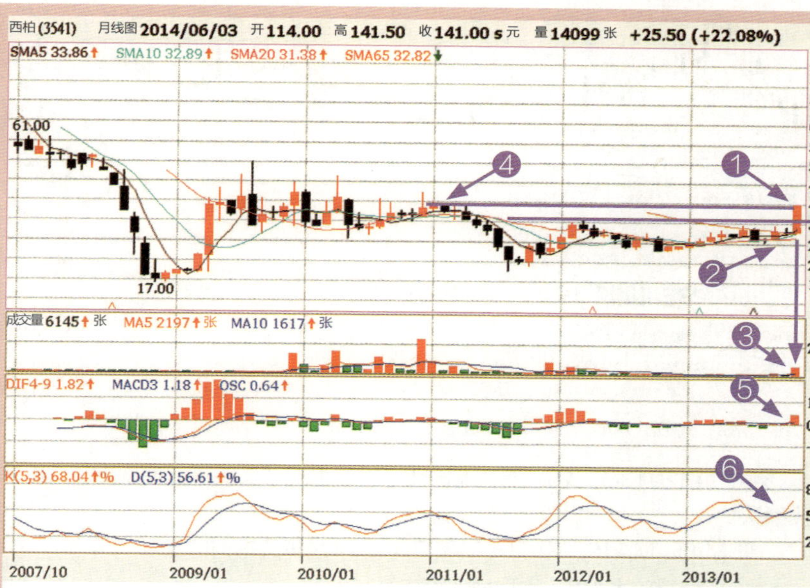

❶ 西柏（3541）2013/11，月K线长红，底部“头头高、底底高”，多头确认。

❷ MA5、MA10、MA20均线，3线多头排列向上。

❸ 成交量放大6倍，出现底部攻击量。

❹ 长红K线突破2年9个月新高。

❺ MACD指标0轴之上黄金交叉向上。

❻ KD指标黄金交叉向上。

月线完成长波段条件，回到周线操作，长波段的中线操作可用5周均线操作，长波段的长线操作可用20周均线操作。

资料来源：富邦e01电子交易系统

范例1B：西柏周线多头走势确认位置

❶ 西柏2013/11/18，周K线长红，底部出现“头头高、底底高”，多头确认。

❷ MA5、MA10、MA20、MA60均线，4线多头排列向上。

❸ 成交量放大4倍，出现底部攻击量。

❹ MACD指标0轴之上黄金交叉向上。

❺ KD指标黄金交叉向上。

❻ 2013/11/25，周线大量上涨，月线多头确认，周线收盘41.35买进，止损守MA5均线36.34（中线操作守MA5周均线操作）。

资料来源：富邦e01电子交易系统

范例1C：西柏周线多头走势操作

❶ 西柏2013/11/25~29，周K线大量上涨，月线多头确认，周线收盘41.35买进，止损守MA5均线36.34。

❷ 2014/1/13，黑K收盘跌破MA5，收盘47.9卖出。获利47.9 - 41.35 = 6.55，获利率15.8%。

❸ 2014/2/5，大量长红上涨，周线收盘57买进，止损守MA5均线49.99。

❹ 2014/4/28，收盘跌破MA5，收盘93.9卖出。获利93.9 - 57 = 36.9，获利率64.7%。

❺ 2014/5/5，红K上涨，突破MA5均线，周线收盘99.4买进，止损守MA5均线95。

资料来源：富邦e01电子交易系统

范例2A：伍丰月线多头走势确认位置

❶ 伍丰（8076）2013/4，月K线长红，底部“头头高、底底高”，多头确认。

❷ MA5、MA10、MA20均线，3线多头排列向上。

❸ 成交量放大3倍，出现底部攻击量。

❹ MACD指标0轴之上黄金交叉向上。

❺ KD指标向上。

❻ 2013/8，大量长红K线突破26个月新高。

月线完成长波段条件，回到周线操作，长波段中线操作可用5周均线操作，长波段长线操作可用20周均线操作。

范例2B：伍丰周线多头走势确认位置

❶ 伍丰2013/3/25，周K线大量长红，突破底部盘整高点，多头确认。MA5、MA10、MA20、MA60均线，4线多头排列向上，周线可以开始做多。

❷ 2013/4/29，月线多头确认，周线高档横盘，做长波段周线进场要等多头再攻的位置。

❸ 2013/6/3，周K线大量长红，突破5周盘整高点，可以作为长波段的进场点。

❹ 2013/7/22，周线回档后大量上涨，长多续势，接近MA20均线，可作为加码点。

资料来源：富邦e01电子交易系统

范例2C：伍丰周线多头走势操作

❶ 伍丰2013/3/25~29，周K线大量长红，突破底部盘整高点，多头确认。MA5、MA10、MA20、MA60均线，4线多头排列向上，KD指标黄金交叉向上，周线可以开始做中多，收盘44.45买进，止损MA5均线41.32。

❷ 2013/6/3，周K线大量长红，突破盘整，可做长波段的进场点。如果在这位置进场做长波段，守MA20周均线操作，做中波段可以加码。

❸ 2013/11/4，周K线大量长黑，跌破MA5、MA10均线，收盘103.5卖出。获利103.5 - 44.45 = 59.05，获利率132.8%。

❹ 2013/11/25，周线回档后大量上涨，长多续势，收盘121.5买进，止损MA5均线112.5。

❺ 2014/1/20，周K线大量黑K，跌破MA5均线，收盘122.5卖出。获利122.5 - 121.5 = 1，获利率0.8%。

❻ 2014/2/10，大量长红突破盘整，站上MA5，收盘136买进，止损MA5均线125.4。

❼ 2014/4/14，周K线大量长黑，跌破MA5、MA10均线，收盘161卖出。获利161 - 136 = 25，获利率18.3%。

资料来源：富邦e01电子交易系统

范例3A：富晶通月线多头走势确认位置

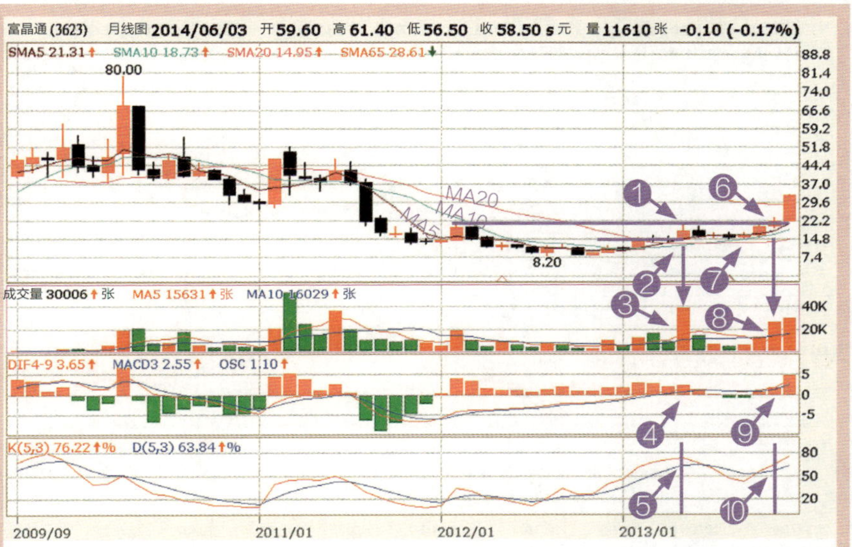

❶ 富晶通（3623）2013/5，月K线长红，底部“头头高、底底高”，多头确认。

❷ MA5、MA10均线，2线多头排列向上。

❸ 成交量放大4.7倍，出现底部攻击量。

❹ MACD指标在0轴之上，多排向上。

❺ KD指标向上。

❻ 2013/11，红K线收盘突破长期21个月底部高点。

❼ MA5、MA10、MA20均线，3线完成多头排列向上。

❽ 成交量放大2倍，出现多头上涨攻击量。

❾ MACD指标在0轴之上，多排向上。

❿ KD指标向上。

月线完成长波段条件，回到周线操作，长波段中线操作可用5周均线操作，长波段长线操作可用20周均线操作。

资料来源：富邦e01电子交易系统

范例3B：富晶通周线多头走势确认位置

❶ 富晶通2013/2/18，周K线大量长红，突破底部盘整高点，多头确认。MA5、MA10、MA20均线，3线多头排列向上。

❷ MACD指标在0轴之上，多排向上。

❸ KD指标向上，2周线可以开始做中多，此时月线尚未符合做长多的条件。2013/4/29，月线多头确认，周线高档横盘，做长波段周线进场要等多头再攻的位置。

❹ 2013/6/3，月线底部大量长红K线多头确认，但是周线是多头回档第3周，要等周线回档再上涨时，才能进场做长多。

❺ 2013/10/28，周线回档后大量上涨，突破回档底部盘整高点，多头续势。MA5、MA10、MA20、MA60均线，4线多头排列向上。

❻ MACD指标在0轴之上，多排向上。

❼ KD指标向上，2周线可以开始做长多。

资料来源：富邦e01电子交易系统

第6节

选股SOP：长线做空

长线操作股票，当股票的月线完成下列几项条件时，可以长线做空：

1. 趋势条件：

月线价量要有下列条件之一：

- 月线头部出现长黑K线实体棒，同时放大量，跌破上升切线（此时周线要符合中线做空条件）。
- 月线头部做头盘整，出现“头头低”长黑K线实体棒，同时放大量（此时周线要符合中线做空条件）。
- 月线头部完成“头头低、底底低”空头趋势，同时头部放大量。

2. 均线条件

月线的均线至少有2线（MA5、MA10）空头排列，均线向下（注意：MA20、MA60如果还在股价下方，而且是上扬走势，当股价下跌靠近时，会有支撑产生）。

3. 股价位置

股价收盘在月线的均线2线（MA5、MA10）之下，同时看股价在整个下跌趋势中，是位居初跌、主跌或末跌阶段。

4. 成交量

月线头部做头时有大成交量（代表有人在卖），发动攻击向下下跌的K线不一定有大量。

5. 指标参考

月KD指标死亡交叉向下，MACD指标空头排列向下，OSC红柱转绿柱。

6. 目标设定

MA20、MA60均线支撑、前面头部支撑、前面盘整区支撑、前面大量K线支撑、前面大量缺口支撑、形态目标价。

7. 等待进场位置

- 周线空头反弹后再下跌的中长黑K。
- 周线空头盘整跌破下跌的大量中长黑K（详见第2章 步骤2进场）。

长线做空重点提示

1. 空头向下会遇到下面很多的支撑，长线操作先以靠近股价最近的支撑，当作短期初步的获利目标。

2. 空头趋势的特性为“见撑不是撑”，所以下跌到预定支撑时，要观察周K线的多空力量的变化，出现的K线是否有转折的信号，并且配合个人的操作纪律（例如做长线守周MA20均线）再决定是否出场，也可以根据到达支撑时的获利率，以及MA20均线的乖离是否太大，决定是否要出场（详见第5章 步骤5 止盈）。

3. 周线合乎条件进场，获利出场后，只要空头走势没有改变，可以继续做空。

4. 月线头部合乎长期操作条件完成后，要回到周线，先依照中线操作方法进场操作，当获利已经拉开成本区时，再用长线方法操作。

5. 在任何完美的条件进场，都有一定的失败概率，所以每次操作都要控制好风险，依据个人资金分配，考虑买进的数量和个人所能承担的赔钱风险，设定万一失败止损的位置（详见第3章 步骤3 止损）。

长线做空实战范例

范例1A：创惟月线空头走势确认位置

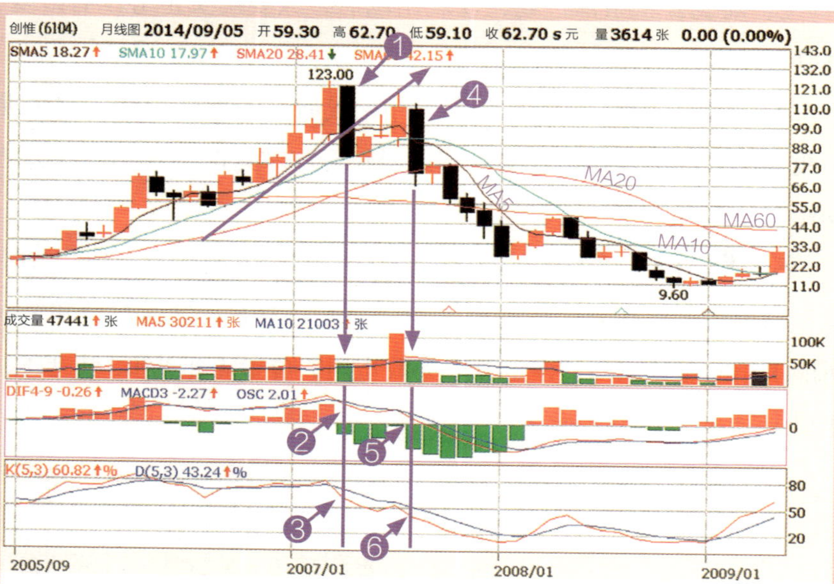

❶ 创惟（6104）2007/4，月K线长黑吞噬，跌破连续上涨7个月的上升切线。

❷ MACD指标在0轴之上，死亡交叉向下。

❸ KD指标80死亡交叉向下，月线回档信号，可看周线条件做中空。

❹ 2007/8，月K线长黑吞噬，头部“头头低、底底低”，空头确认。MA5、MA10均线，死亡交叉，周线空头确认可做长空。

❺ MACD指标在0轴之上，空头排列向下。

❻ KD指标空头排列向下。

月线完成长波段条件，回到周线操作，长波段中线操作可用5周均线操作，长波段长线操作可用20周均线操作。

资料来源：富邦e01电子交易系统

范例1B：创惟周线空头走势确认位置

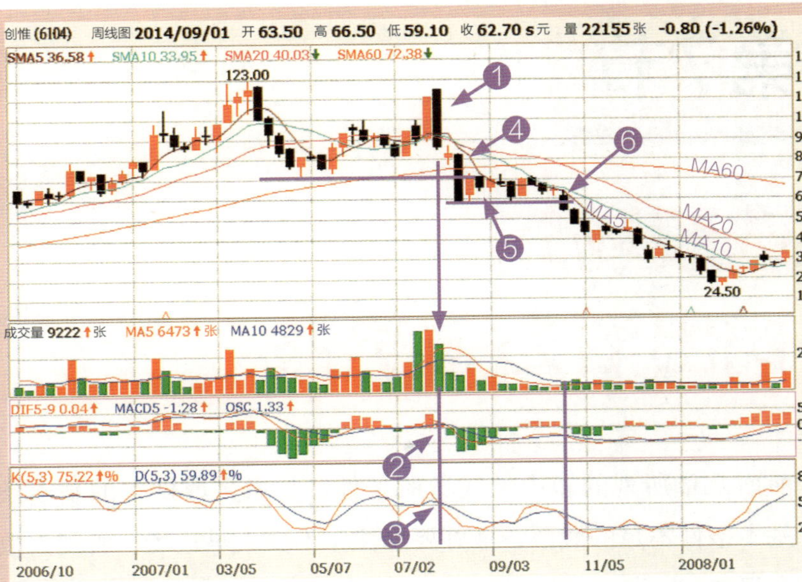

❶ 创惟2007/7/30，周K线大量长黑吞噬，出现高档“头头低”，跌破月线，且月线下弯。

❷ MACD指标在接近0轴，即将死亡交叉。

❸ KD指标死亡交叉向下，周线进入盘头。

❹ 2007/8/13，周K线大量长黑，跌破回档低点，空头确认。同时周线出现一星二阴K线组合，续势下跌，日线可以做空。

❺ 2007/8/27，月线大量长黑K线空头确认，但是周线是空头的盘整，要等周线盘整跌破时才能进场做长空。

❻ 2007/10/22，周线盘整跌破，空头续势。MA5、MA10、MA20、MA60均线，4线空头排列向下。MACD指标在0轴之选，空头排列向下。KD指标向下。周线可以开始做长空。

资料来源：富邦e01电子交易系统

第7节

选股秘籍：找出潜力强势股

前面几章所列的短中长线选股条件，是做多或做空的基本条件。基本条件不足的股票，最好要忍住，不要太早进场，否则失败的概率很高。

除此之外，经由底部或头部形成的形态或多空的力道表现，也可以推测未来走势确认之后的强弱。我们在锁股观察时可以注意下面几个形态或反转的现象，借以发觉未来的潜力股。

空头结束转多头的强势底部

情况1 打底期间，出现大量的买盘，底部多头确认时，放大量突破，为强势上涨潜力股（出现在周线更好）。

情况2 底部转折前有两个月以上的均线纠结形态，当均线纠结底部出现大量突破，为强势上涨潜力股（出现在周线的均线纠结更好）。

情况1：力旺周线

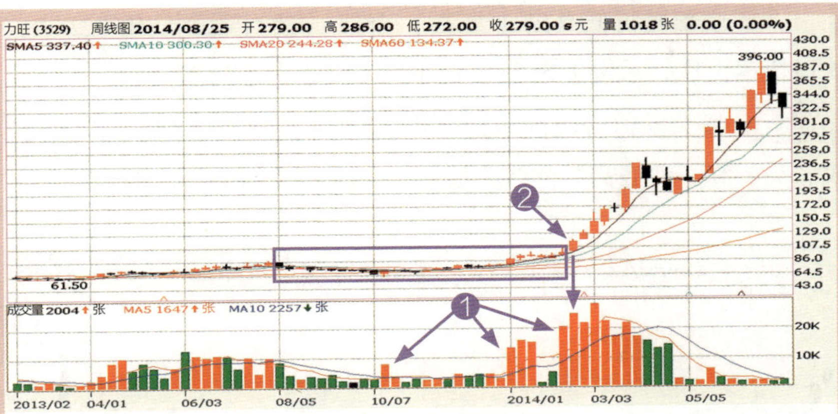

❶ 力旺（3529），周线底部盘整期间出大量。

❷ 大量长红突破盘整上涨，一路强势上涨到396元。

资料来源：富邦e01电子交易系统

情况2：F-永冠周线

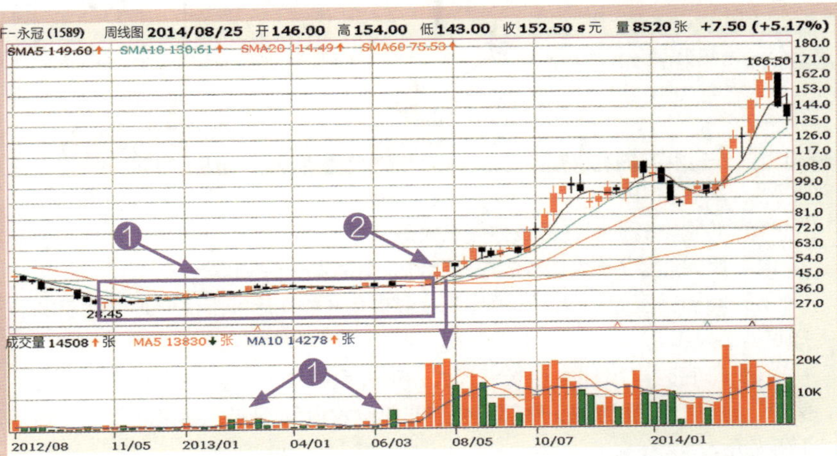

❶ F-永冠（1589），周线底部盘整9个月的均线纠结，盘整期间出一些草丛大量。

❷ 连续3天大量长红突破盘整上涨，一路强势上涨到166.5元。

资料来源：富邦e01电子交易系统

情况3 底部转折低点出现大量连三红，或是上涨3天出现2次跳空缺口快速上涨，后续完成多头底部，为强势上涨的潜力股。

情况4 强力反弹后回档不到反弹幅度的三分之一，就转折上涨完成“头头高、底底高”的多头确认，为强势上涨的潜力股。

情况3、4：鈊象日线

❶ 鈊象（3293），日线最低点大量反弹。

❷ 反弹连续3天大量长红跳空上涨，落底第一只脚。

❸ 回档幅度约三分之一就出现止跌的红K线，后续上涨出现底底高的打底第二只脚。

❹ 打底时再出现大量长红K线，突破盘整高点，多头“底底高、头头高”确认，为强势多头底部，突破时股价收盘58.3元，后来一路上涨到175.5元。

资料来源：富邦e01电子交易系统

情况3、4：旭富日线

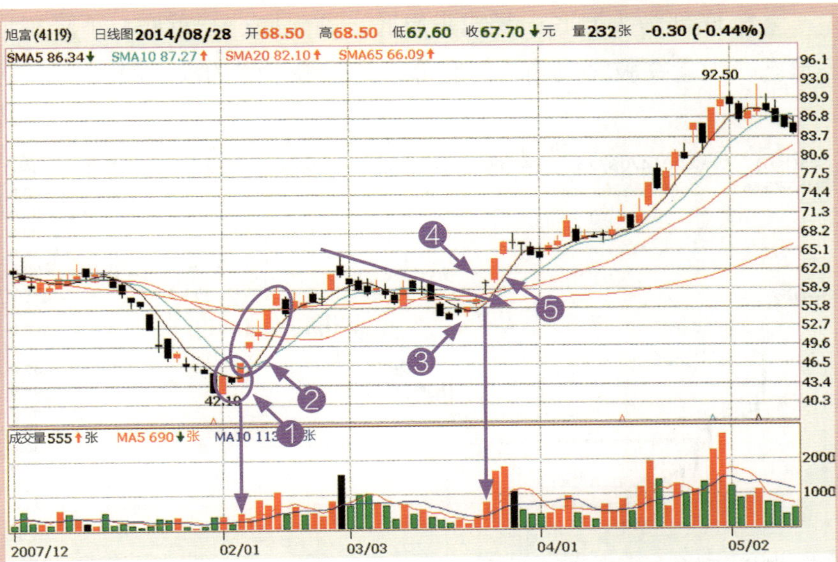

❶ 旭富（4119），日线最低点大量反弹，3日K线为一星二阳向上的转折信号。

❷ 连续反弹5天，大量长红跳空上涨，落底第一只脚。

❸ 回档幅度约三分之一就出现止跌的红K线，后续上涨出现底底高的打底第二只脚。

❹ 打底时再出现大量跳空上涨K线，突破回档ABC修正的下降切线。

❺ 大量上涨红K线，突破前面高点，多头“底底高、头头高”确认，为强势多头底部，股价最低42.1元反弹回升，后来一路上涨到92.5元。

资料来源：富邦e01电子交易系统

情况5 底部为头肩底、复式头肩底、圆弧底、三重底、下降楔形等形态，大量突破完成确认的底部，为强势上涨的潜力股。

情况5：聚阳周线

❶ 聚阳（1477），周线打底大量红K线，突破左边下跌的黑K线，形成左长黑右长红的晨星转折K线组合。

❷ 周线连续上涨，再出现大量长红K线，突破左边对应下跌的长黑K线，形成一个圆弧底的形态确认。股价由打底突破的27元，后来一路上涨到82.2元。

资料来源：富邦e01电子交易系统

情况6 底部出现2次以上大量转折向上的K线组合形态，例如：长红吞噬、孤岛转折、晨星转折、内困三红、跳缺回补、上升三法、一星二阳等的组合，为强势上涨的潜力股（上述转折向上的K线组合，参见《抓住K线，获利无限》）。

情况6A：国扬周线

❶ 国扬（2505），周线最低点大量反弹，3日K线为内困三红K线组合的向上转折信号，落底第一只脚。

❷ 回档1天就出现长红吞噬K线，再形成晨星转折K线组合的向上转折信号，出现底底高的第二只脚。

❸ 再出现大量长红K线上涨，突破前面高点，多头“底底高、头头高”确认，为强势多头底部，股价最低12.65元反弹回升，后来一路上涨到33.45元。

资料来源：富邦e01电子交易系统

情况6B：精元周线

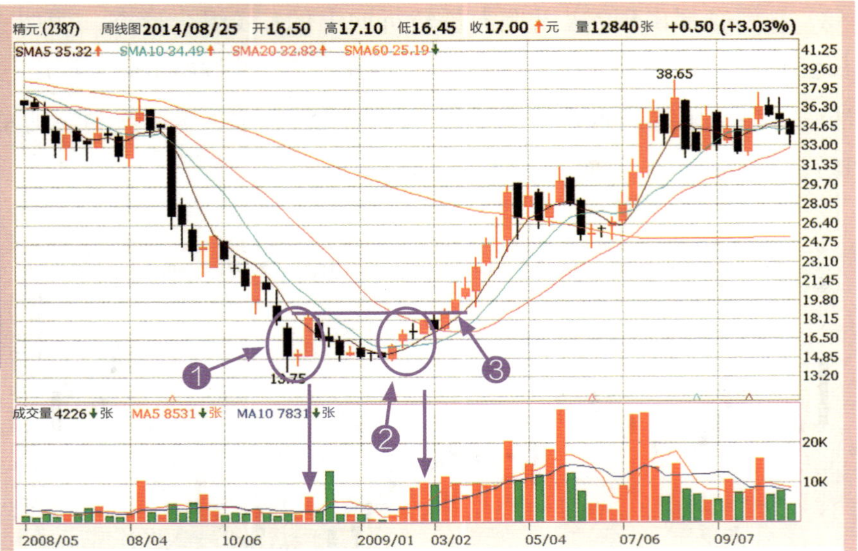

❶ 精元（2387），周线最低点大量反弹，3日K线为晨星K线组合的向上转折信号，落底第一只脚。

❷ 回档后出现一星二阳K线组合向上转折信号，出现底底高的第二只脚。

❸ 再出现长红K线上涨，收盘突破前面高点，多头“底底高、头头高”确认，为强势多头底部，股价最低13.75元反弹回升，后来一路上涨到38.65元。

资料来源：富邦e01电子交易系统

多头结束转空头的弱势头部

情况1 盘头期间，出现大量的出货卖压，头部空头确认，为弱势下跌潜力股（出现在周线更好）。

情况1：日胜生周线

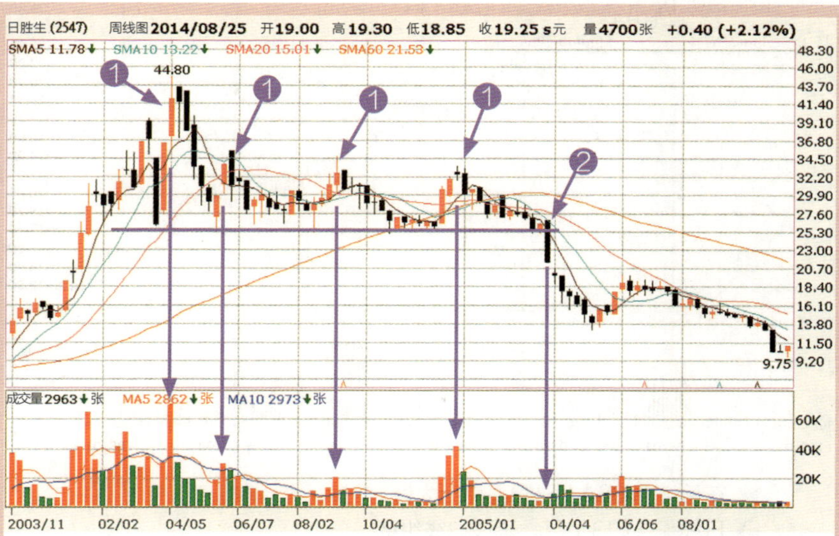

❶ 日胜生（2547），周线头部盘整期间，每个高点都出大量。

❷ 长黑K线跌破头部盘整低点，一路弱势下跌到9.75元。长黑K线下跌时，没有爆大量也一样会下跌，因为：

- 空头趋势确认，趋势就是力量。
- 头部盘整期间的大量K线，后来都被跌破，这些大量成为下跌的压力。
- 头部大量下跌，这些大量为主力的出货量，主力手中的股票卖出之后，股价自然会跌。有时空头刚开始时，散户还不自觉或抱持还能上涨的希望而没卖出，所以不一定会出大量。

资料来源：富邦e01电子交易系统

情况2 头部有2个月以上的均线纠结形态，当大量中长黑K跌破均线纠结，头部确认，为弱势下跌潜力股。

情况2：东硷日线

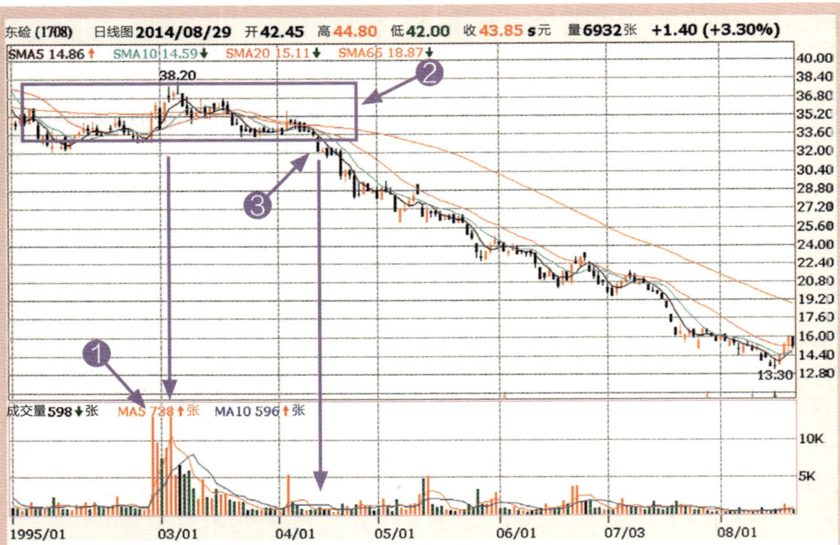

❶ 东硷（1708），日线高点出大量。

❷ 日线盘头约3个月，呈现均线纠结。

❸ 出现长黑K线跌破均线纠结，同时均线4线空头排列下弯，空头“头头低、底底低”确认，为弱势空头，股价最高38.2元下跌，后来一路下跌到13.3元。

资料来源：富邦e01电子交易系统

情况2：国精化周线

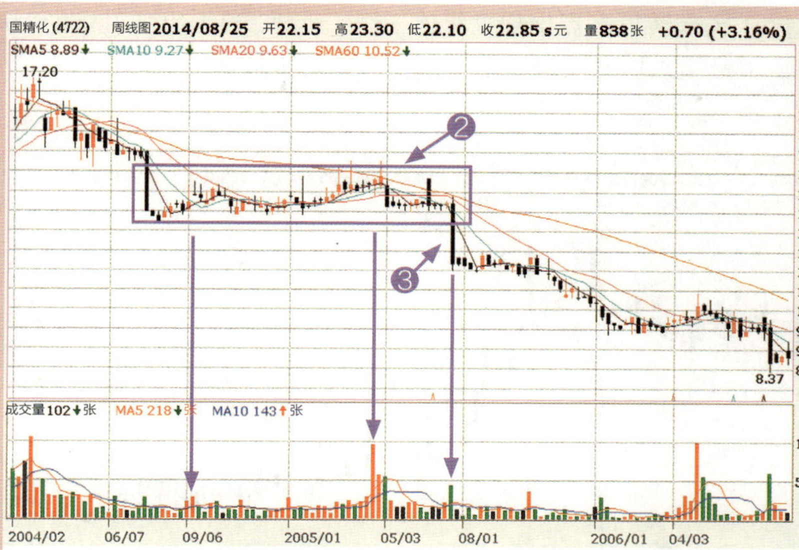

❶ 国精化（4722），周线盘整高点出大量。

❷ 盘头约12个月之久，呈现均线4线纠结。

❸ 出现大量长黑K线跌破盘整及均线纠结，同时均线4线空头排列下弯，空头“头头低、底底低”确认，为弱势空头，股价继续下跌，后来一路下跌到8.37元。

资料来源：富邦e01电子交易系统

情况3 头部转折高点出现大量连三黑，或下跌3天出现2次跳空缺口快速下跌，当后续完成空头头部，为弱势下跌的潜力股。

情况3A：联电周线

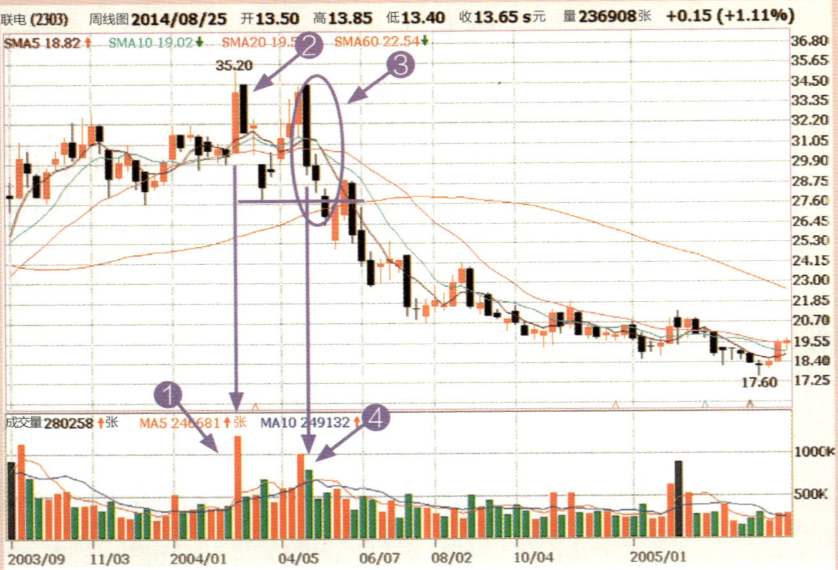

❶ 联电（2303），周线高档出现大量长红K线。

❷ 次周出现长黑K线覆盖的转折向下信号。

❸ 出现大量长黑K线吞噬转折向下的“头头低”，后续两周连三黑K线下跌，均线3线空头排列下弯，跌破前面转折低点，空头“头头低、底底低”确认，为弱势空头。

❹ 高档第二个头也出现大量，股价继续下跌，后来一路下跌到17.6元。

资料来源：富邦e01电子交易系统

情况3B：联电日线

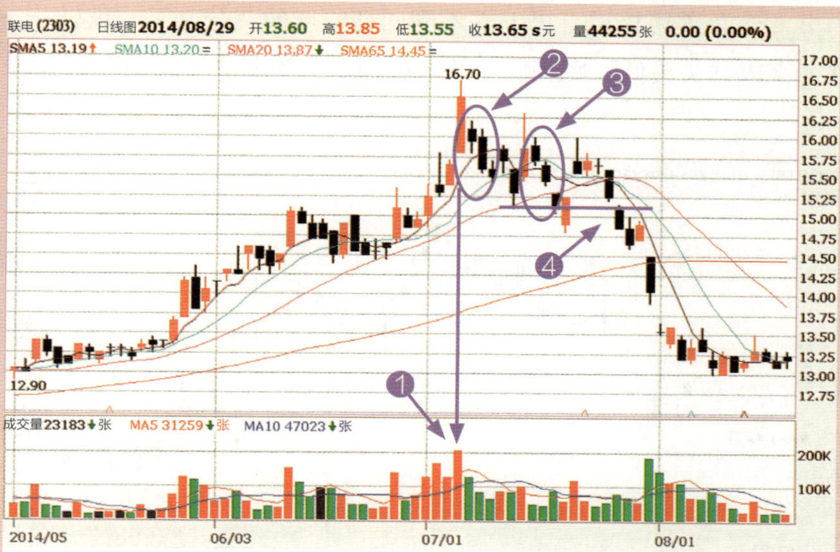

❶ 联电日线高档出现大量长红K线。

❷ 次日连续3日黑K下跌回档。

❸ 反弹不过16.7高点，再出现连3黑K线的“头头低”下跌，后续跌破前面低点，空头“头头低、底底低”确认，为弱势空头。

❹ 空头反弹，股价继续连3黑K线下跌，后来一路下跌到13元。

资料来源：富邦e01电子交易系统

情况4 急跌回档后，再上涨不到回档幅度的三分之一，就转折下跌，完成“头头低、底底低”的空头确认，为弱势下跌的潜力股。

情况4：亚聚日线

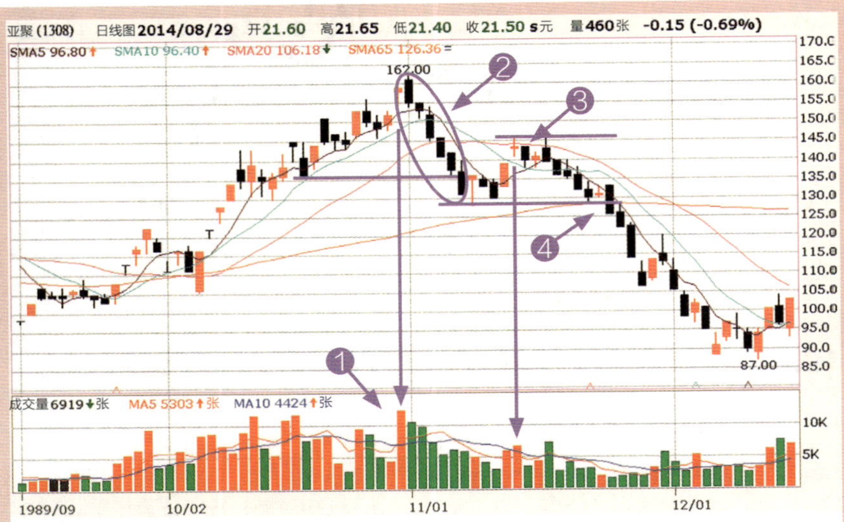

❶ 亚聚（1308），日线高档出现大量十字变盘线，要注意股价回档。

❷ 出现连续6日黑K下跌回档，同时跌破前面低点。

❸ 反弹约回档幅度的三分之一，再出现大量十字K线的变盘线，后续黑K线下跌，空头“头头低、底底低”确认，为弱势空头。

❹ 连续出现黑K线下跌，再跌破前面低点，股价继续下跌，后来一路下跌到87元。

资料来源：富邦e01电子交易系统

情况4：台湾中化周线

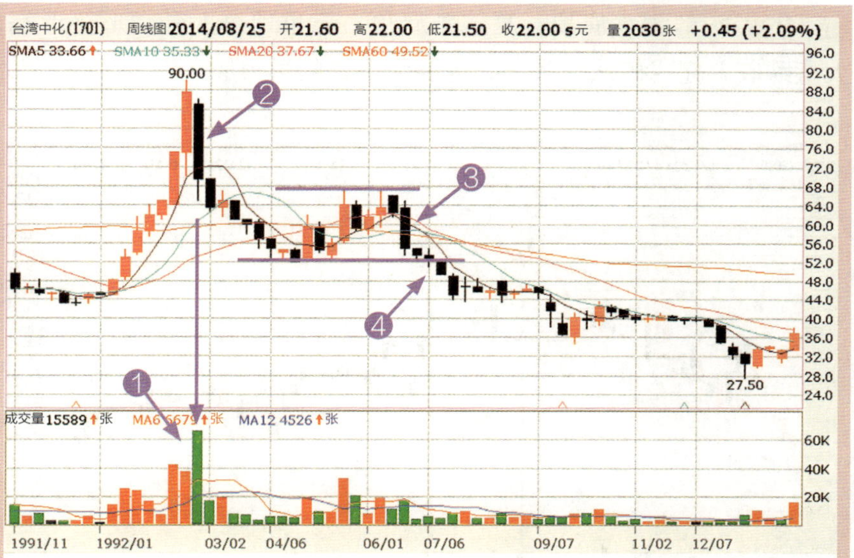

❶ 台湾中化（1701），周线高档出现爆大量。

❷ 周线出现长黑K线贯穿的转折向下信号下跌。

❸ 上涨约回档幅度的三分之一，再出现大量黑K线下跌，同时出现“头头低”。

❹ 黑K线下跌，再跌破前面低点，形成空头“头头低、底底低”确认，为弱势空头。股价继续下跌，后来一路下跌到27.5元。

资料来源：富邦e01电子交易系统

情况5 头部为头肩顶、复式头肩顶、三重顶、上升楔形等形态，大量跌破，完成确认的头部，为弱势下跌的潜力股。

情况5：奥斯特日线

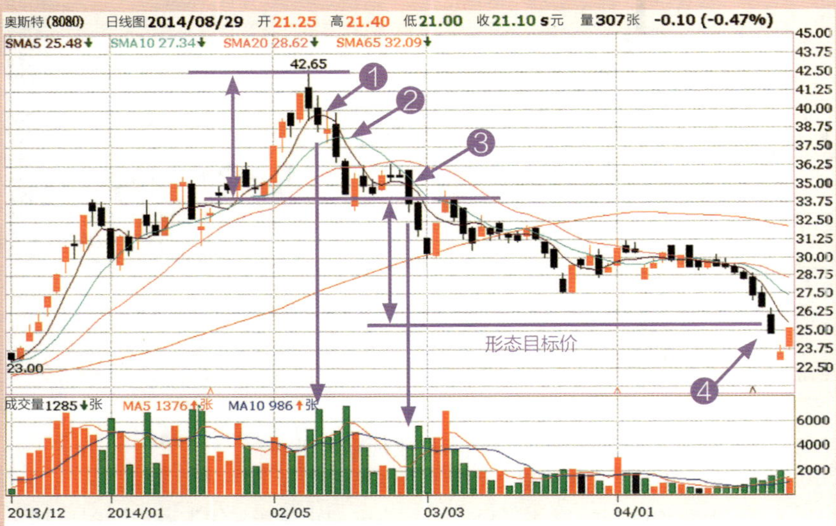

❶ 奥斯特（8080），日线高档时出现爆大量、黑K线吞噬的转折向下回档下跌。

❷ 再出现大量长黑K线下跌，同时出现“一星二阴”继续下跌。

❸ 弱势反弹后大量长黑K线下跌，再跌破前面低点，出现“头肩顶”的形态确认，同时形成空头“头头低、底底低”确认，后续连三黑下跌，为弱势空头，反弹不过高再下跌，可继续做空。

❹“头肩顶”的形态确认后下跌的目标价位置。

资料来源：富邦e01电子交易系统

情况5：飞宏周线

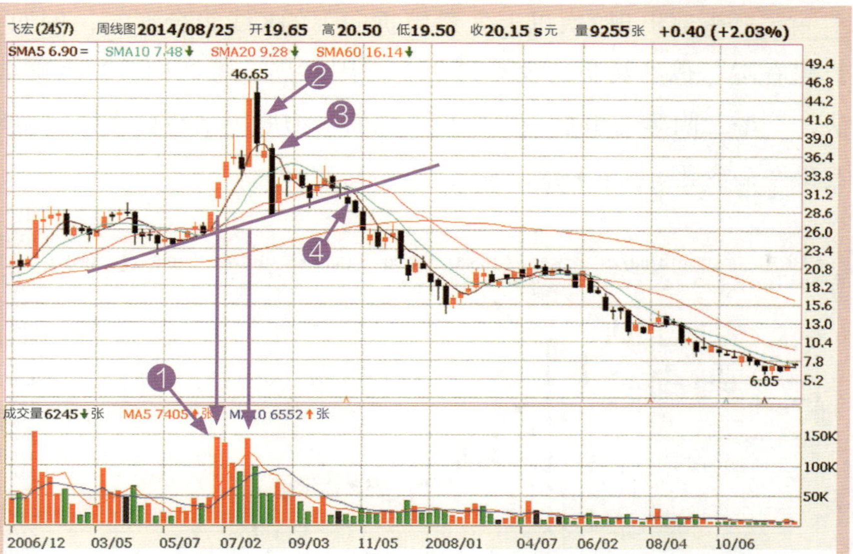

❶ 飞宏（2457），周线高档连续上涨时出现爆大量。

❷ 高档大量长红K线后，出现大量长黑K线覆盖下跌。

❸ 长黑K线覆盖下跌，出现“一星二阴”继续下跌。

❹ 弱势反弹后长黑K线下跌，跌破上升切线，出现“头肩顶”的形态确认，后续下跌形成空头“头头低、底底低”确认，为弱势空头。

资料来源：富邦e01电子交易系统

情况6 头部出现2次以上大量转折向下的K线组合形态，例如：长黑吞噬、孤岛转折、夜星转折、内困三黑、跳缺回补、下降三法、一星二阴等的组合，为弱势下跌的潜力股（上述转折向下的K线组合，参见《抓住K线，获利无限》）。

情况6：悠克周线

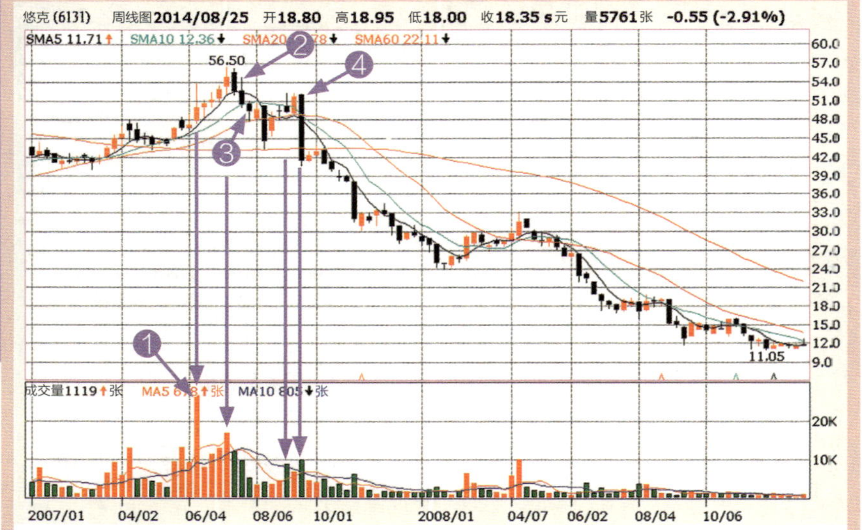

❶ 悠克（6131），周线高档上涨时出现爆大量。

❷ 高档价量背离，出现长黑K线吞噬回档。

❸ 下跌“连三黑”继续回档。

❹ 弱势反弹后大量长黑K线，出现“三线反黑”，同时形成空头“头头低、底底低”确认，后续为弱势空头。股价由高点56.5元，一直跌到11.05元。

资料来源：富邦e01电子交易系统

情况6：悠克周线

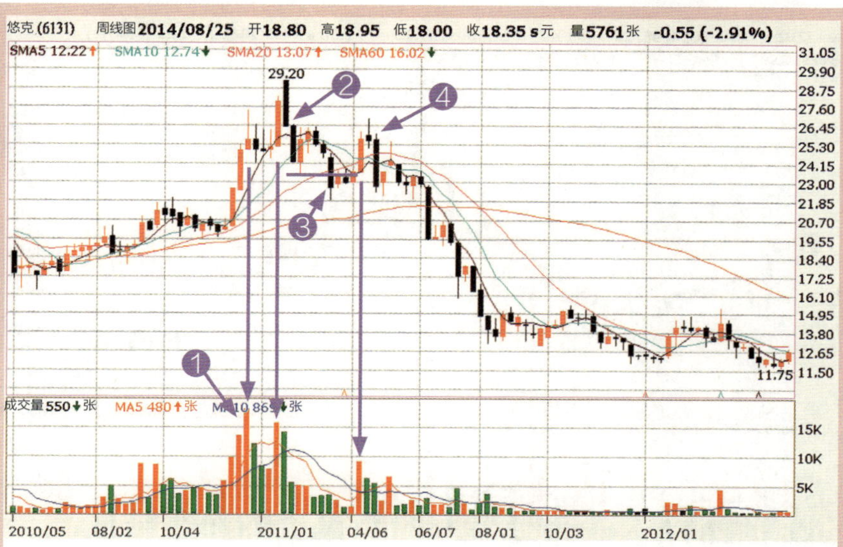

❶ 悠克（6131），周线高档上涨时出现爆大量。

❷ 高档价量背离，出现连续2周长黑K线下跌，形成吞噬。

❸ 反弹后，下跌“连三黑”，同时形成空头“头头低、底底低”确认。

❹ 弱势反弹后，出现“夜星转折”，后续为弱势空头。股价由高点29.2元，一直跌到11.75元。

资料来源：富邦e01电子交易系统

情况6：友讯周线

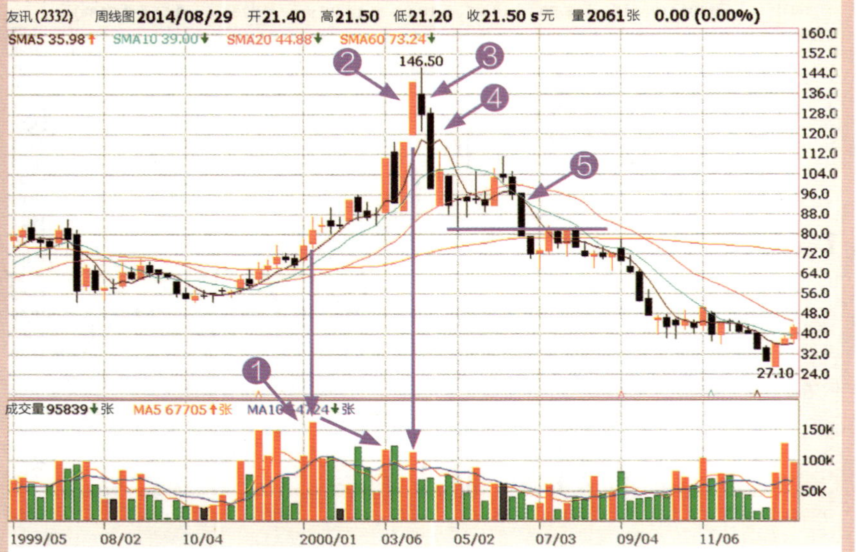

❶ 友讯（2332），周线高档上涨时出现爆大量。

❷ 高档连续长红上涨创新高价，出现价量背离现象。

❸ 高档黑K“母子怀抱”，转折信号。

❹ 长黑K线，出现“内困三黑”转折确认。

❺ 长黑K线下跌，跌破9周盘整低点，同时形成空头“头头低、底底低”确认，后续为弱势空头。股价由高点146.5元，一直跌到27.1元。

资料来源：富邦e01电子交易系统

投资笔记

第2章

步骤2 进场

散户经常遇到一买就跌、一卖就涨，关键其实都在进场的位置。进场太早，被主力洗盘给洗掉，进场太晚，追在高点，一买就跌，所以进场是资金投入股市的第一步，更是赚钱与否的关键。

第1节

选对进场位置

不想发生一买就跌、一卖就涨的情形，就一定要选对进场位置。研判最佳进场位置之前，应先建立下面几项正确观念。

研判进场位置5观念

观念1

进场前对要做的股票一定要先做好准备工作，同时预估可能承受的风险及可能的获利空间。

观念2

只问进场位置对不对，不要计较价格高低，不要因为想买低一档的价位，而错失一次进场机会。

观念3

确认后再买，成功概率比较高，例如多头回档，要等到再上涨确认才买，而非出现支撑就买。一般投资人不可能买到最低点，即使买到最低点，失败止损的概率也比较高。

观念4

设定好进场条件，当条件都符合时，该买时就买，同时要规划好资金分配，决定买进的数量，如果资金不多，采取一次买进，资金充足则可分2次或3次买进。

观念5

再好的进场位置，都没有百分之百的成功率，因此，任何位置进场都要设定止损点，一旦跌破止损，要按照纪律止损出场（详见第3章 步骤3 止损）。

股票赚钱是“等”来的

股票赚钱是“等”来的，所谓的“等”，就是“等”进场位置的K线信号。简单来说，短线操作的投资人，要“等”日线进场位置的K线信号；中长线操作的投资人，则要“等”周线进场位置的K线信号。

对于多头走势的股票，要在多头买进；空头走势的股票，则要在空头放空。如在盘整区操作，因为获利不高，原则上不建议进场买卖股票。

影响股票涨跌的外在因素

每个人买股票都希望做多买进能马上涨，做空的股票则能马上跌，但股票涨跌的因素很多，除了股票本身基本面、技术面的好坏之外，还有许多外在因素必须考虑进去，然后再拟定整体的操作策略，这样才能掌握赚钱机会。

股票是一种投资操作商品，其实每档股票都不是单独存在的，“个别股票”的上层是“类股族群”，再往上是“本地大盘指数”和“全球指数”。股票上层的每个环境，都会影响股票本身的涨跌和强弱。

由上而下来看，“全球指数”不好会影响“本地大盘指数”，“本地大盘指数”不好会影响“类股族群”，“类股族群”不好会影响“个股”。

因此，当大盘好、类股好时，在这个类股中的强势股做多，最容易赚钱。反之，当大盘不好、类股不好时，即使做多这个类股的强势上涨股，也不容易赚钱。

第2节

股票做多
6个进场位置

在本章所述的6个位置，投资人可以进场做多。从所举的范例中，可以学会如何正确判断做多位置。

多头进场位置1

盘整末端的向上突破红K线。

简单口诀 **盘整的突破**

1. K线如果符合“价涨、量增、线实”信号，买进上涨的概率很高。

价涨：收盘价上涨，收盘价突破盘整的上颈线。

量增：成交量大于昨日成交量的1.3倍。

线实：K线收中长红K的实体棒（上涨2.5%以上）。

2. 日线进场的K线信号是操作短线的买进位置。

   周线进场的K线信号是操作中长线的买进位置。

3. 成交量越大，红K线实体棒越长，上涨力道越强。

4. 跳空上涨的缺口越大，上涨力道越强。

5. 进场后要设定止损，并且严格执行止损。

范例1：智冠日线

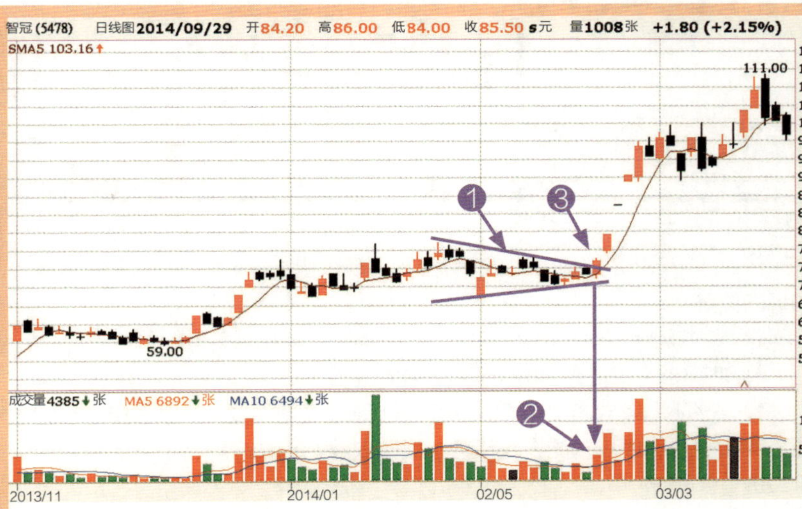

智冠（5478）2014/2/20，当天出现大量长红K线，符合短线做多进场的位置：

❶ 多头走势上涨一段后盘整区，等待盘整的突破K线再进场。

❷ 当天放量约为前一天的3.5倍大量。

❸ 当天上涨3.5%，中红K线实体棒，收盘突破盘整上颈线及前面5天高点。当天收盘前确认，符合进场位置，市价买进。

资料来源：富邦e01电子交易系统

范例2：佳世达日线

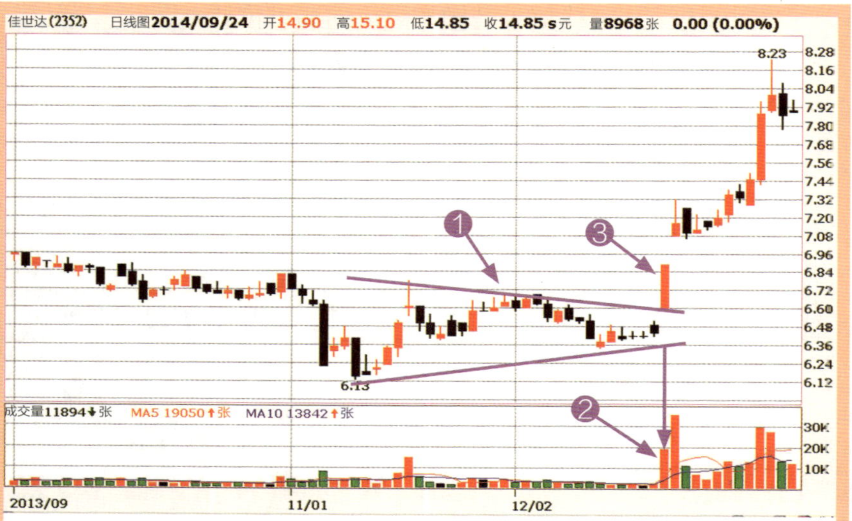

佳世达（2352）2013/12/20，当天出现大量长红K线，符合短线做多进场的位置：

❶ 底部盘整1.5个月的盘整区，等待盘整的突破K线再进场。

❷ 底部当天放量约为前一天的8倍大量。

❸ 长红K线实体棒，收盘突破盘整上颈线及前面高点，波浪形态也完成“头头高、底底高”的多头趋势。当天收盘前确认，符合进场位置，市价买进。

资料来源：富邦e01电子交易系统

重点提示

1. 当一档股票跌到相对的低档位置，开始进入横向盘整（也称为打底），就可以开始锁股追踪观察，等到大量长红K线突破时进场。

2. 当一档股票多头开始上涨一段（初升段），开始进入盘整时，

范例3：和旺周线

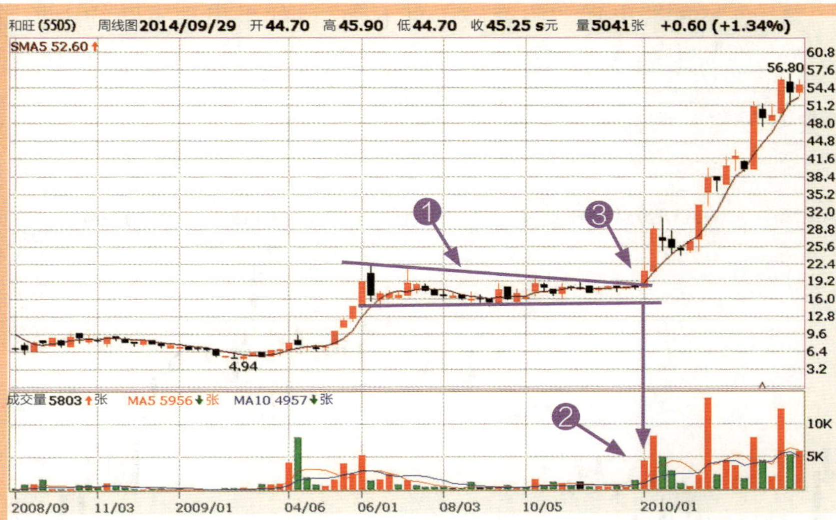

和旺（5505）2010/1/8，当周出现大量长红K线，符合中期做多进场的位置：

❶ 多头走势上涨一段后盘整区，等待盘整的突破K线再进场。

❷ 当周放量约为前一周的3.8倍大量。

❸ 当周上涨16.5%，中红K线实体棒，收盘突破盘整上颈线及前面6个月高点。当周收盘前确认，符合中波段操作进场买进位置。

资料来源：富邦e01电子交易系统

这时可以锁股追踪观察，等到大量长红K线突破时买进，做主升段的上涨。

3. 当一档股票多头已经上涨过2波段，到相对的高档位置，开始进入盘整时，这时可以锁股追踪观察，等到大量长红K线突破时进场买进，但是要特别注意，3天之内不可以出现下跌回到盘整区内，这容易是“假突破、真下跌”。

4. 盘整末端出现“假突破、真下跌”，如果出现下跌的中长黑K（有量或没量皆可），往下跌破盘整区会大跌，可以反手做空（这个盘整区称为头部）。

范例4：东硷日线

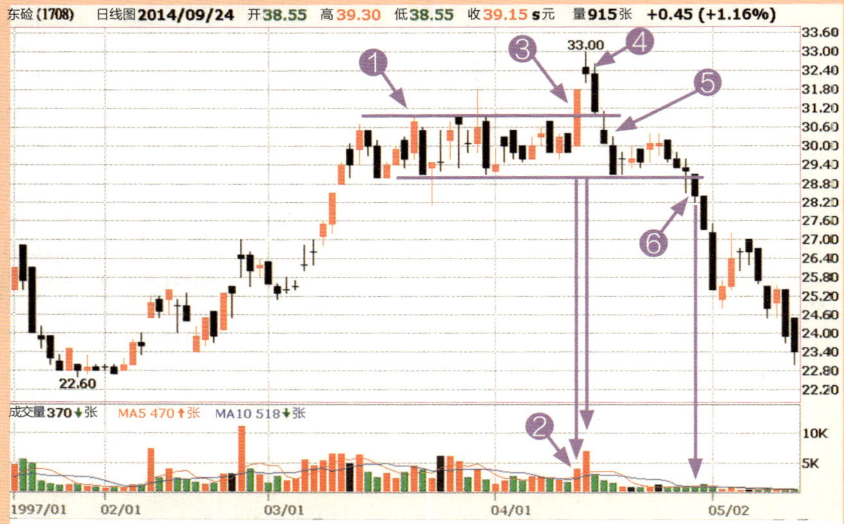

东硷（1708）1997/4/14，当天出现大量长红K线，符合短线做多进场的位置：

❶ 高档盘整1个月的盘整区，等待盘整的突破K线再进场。

❷ 突破当天放量约为前一天的2.4倍大量。

❸ 长红K线实体棒，收盘突破盘整上颈线，继续上涨。

❹ 次日再爆更大量，出现十字变盘线，要特别注意隔天不能出现下跌黑K的回档。

❺ 红K上涨第3天，股价下跌到盘整区，向上红K的突破是“假突破”。

❻ 当天中黑K收盘确认跌破盘整区，虽然量缩，仍符合进场放空位置。

资料来源：富邦e01电子交易系统

多头进场位置2

多头回档止跌，没有跌破前面低点，出现再上涨的中长红K线。

简单口诀 回后买上涨

1. K线如符合“价涨、量增、线实”的信号，买进上涨的概率很高。

价涨： 收盘价上涨，收盘价突破前一天止跌K线的最高点。

量增： 成交量大于昨日成交量的1.3倍。

线实： K线收中长红K的实体棒（上涨2.5%以上）。

2. 日线进场的K线信号是操作短线的买进位置。

周线进场的K线信号是操作中长线的买进位置。

3. 回档幅度越小就止跌上涨的股票越强势，越要把握机会进场做多。

4. 当天如果是跳空上涨的中长红K线，上攻力道越强，更要把握机会进场做多。

5. 进场后要设定止损，并且严格执行止损。

范例1：美时日线

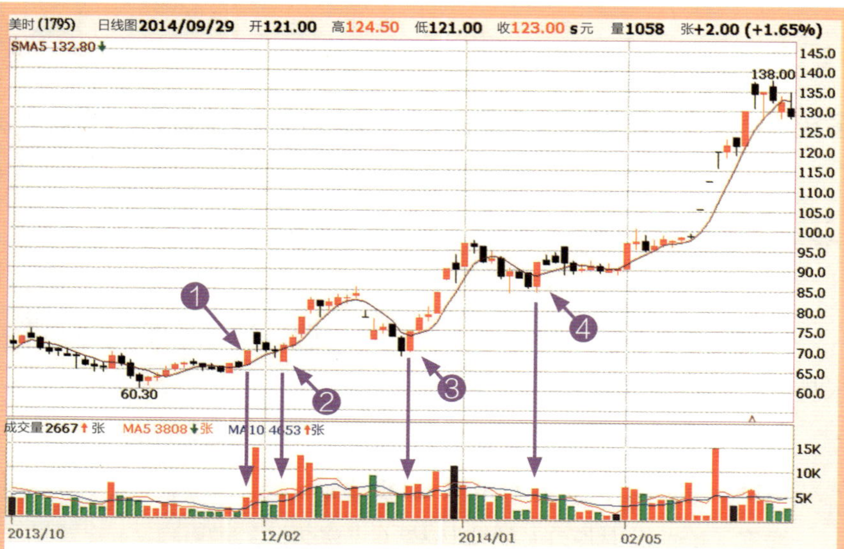

❶ 美时（1795）2013/11/28，当天出现大量长红K线，放量约为前一天的3.8倍，收盘突破前面高点，“头头高，底底高”多头确认。

❷ 2013/12/4，当天多头回档，没有跌破前面低点，出现长红K线实体棒，放量约为前一天的1.8倍，收盘突破昨日高点，多头继续上涨，是多头买进位置。

❸ 2013/12/24，当天多头回档，没有跌破前面低点，出现长红K线实体棒，放量约为前一天的1.3倍，收盘突破昨日高点，多头继续上涨，是多头买进位置。

❹ 2014/1/14，当天多头回档，没有跌破前面低点，出现长红K线实体棒，放量约为前一天的3倍，收盘突破昨日高点，多头继续上涨，是多头买进位置。

资料来源：富邦e01电子交易系统

范例2：伍丰周线

❶ 伍丰（8076）2005/9/9，当周出现大量长红K线，放量约为前一周的4倍，收盘突破前一周高点，多头继续上涨，是多头中长期买进位置。

❷ 2005/11/18，当周出现大量长红K线，放量约为前一周的2.3倍，收盘突破前一周高点，多头继续上涨，是多头中长期买进位置。

❸ 2006/2/27，当周出现大量长红K线，放量约为前一周的2倍，收盘突破前一周高点，多头继续上涨，是多头中长期买进位置。

资料来源：富邦e01电子交易系统

多头进场位置3

多头中长红K线上涨后，股价维持在K线上方横盘，当再出现大量中长红K线，突破横盘最高点时，是进场的位置。

简单口诀　K线横盘的突破

1. K线如符合“价涨、量增、线实”的信号，买进上涨的概率很高。

价涨： 收盘价上涨，突破盘整的上颈线。

量增： 成交量大于昨日成交量的1.3倍。

线实： K线收中长红K的实体棒（上涨2.5%以上）。

范例1：奥斯特日线

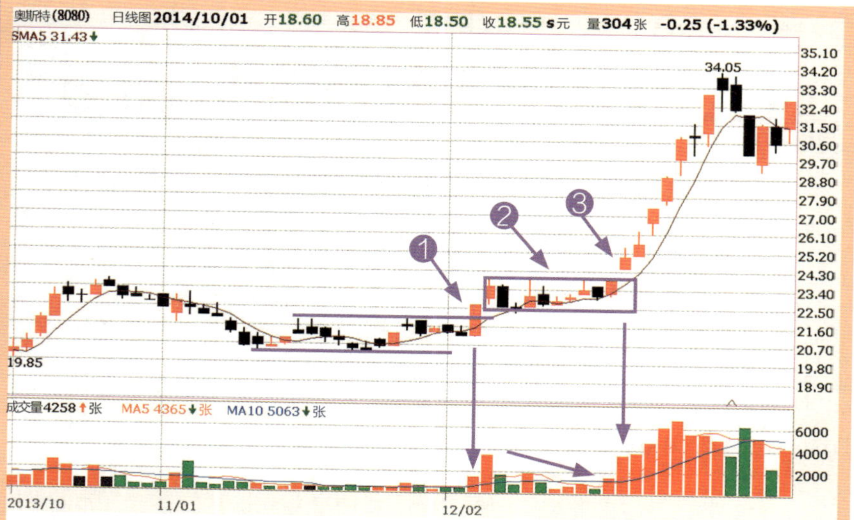

❶ 奥斯特（8080）2013/12/4，当天出现大量长红K线，放量约为前一天的2倍，收盘突破盘整高点，是多头买进位置。

❷ 大量长红K线之后，在长红K线上方横盘10天，横盘时量缩。

❸ 2013/12/19，当天出现开盘向上跳空，突破10天K线横盘，同时放量约为前一天的2.2倍，多头继续上涨，是多头买进位置。

资料来源：富邦e01电子交易系统

2. 日线进场的K线信号是操作短线的买进位置。

周线进场的K线信号是操作中长线的买进位置。

3. 突破当天如果是跳空上涨的的K线，股票越强，越要把握机会进场做多。

4. 进场后要设定止损，并且严格执行止损。

范例2：力旺日线

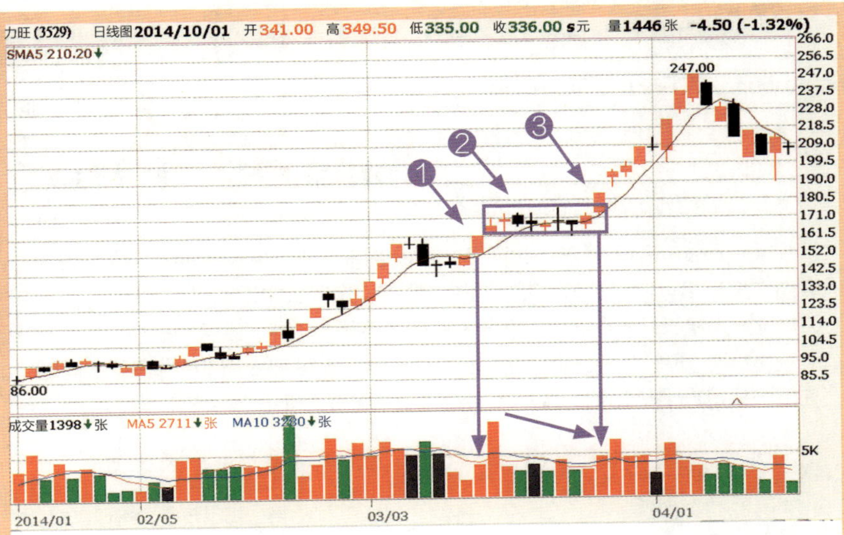

❶ 力旺（3529）2014/3/13，当天出现大量长红K线，放量约为前一天的2倍，收盘突破回档4天K线高点，是多头买进位置。

❷ 大量长红K线之后，在长红K线上方横盘8天，横盘时量缩。

❸ 2014/3/26，当天出现开盘向上跳空，收盘突破8天K线横盘，同时放量约为前一天的1.5倍，多头继续上涨，是多头买进位置。

资料来源：富邦e01电子交易系统

范例3：云辰周线

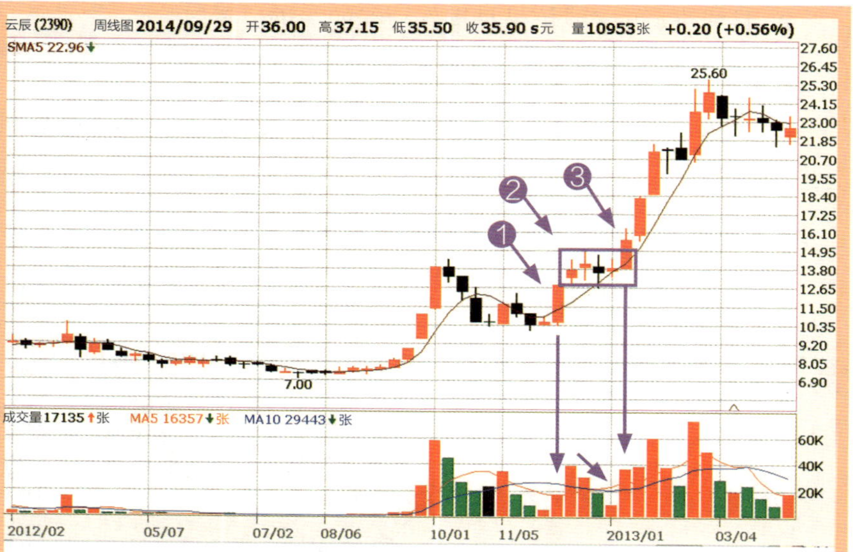

❶ 云辰（2390）2012/12/3，周线当周出现大量长红K线，放量约为前一周的3倍，收盘突破回档5周K线高点，是多头中期买进位置。

❷ 大量长红K线之后，在长红K线上方横盘4周，盘整期量缩。

❸ 2013/1/7，当周出现大量长红K线，收盘突破4周K线横盘，同时放量约为前一周的3倍，中期多头继续上涨，是中期做多买进位置。

资料来源：富邦e01电子交易系统

多头进场位置4

多头向上跳空中长红K线，股价维持在缺口上方整理，当出现整理末端的大量中长红K线上涨时，是进场的位置。

简单口诀 **缺口之上等买点**

1. 上涨红K线如符合“价涨、量增、线实”的信号，买进上涨的概率很高。

价涨： 收盘价上涨，收盘价突破整理的上颈线。

量增： 成交量大于昨日成交量的1.3倍。

线实： K线收中长红K的实体棒（上涨2.5%以上）。

2. 日线进场的K线信号是操作短线的买进位置。

周线进场的K线信号是操作中长线的买进位置。

3. 当天上涨红K线如果出现跳空上涨的K线，是主力强势上攻，更要把握机会进场做多。

4. 进场后要设定止损，并且严格执行止损。

范例1：阳程日线

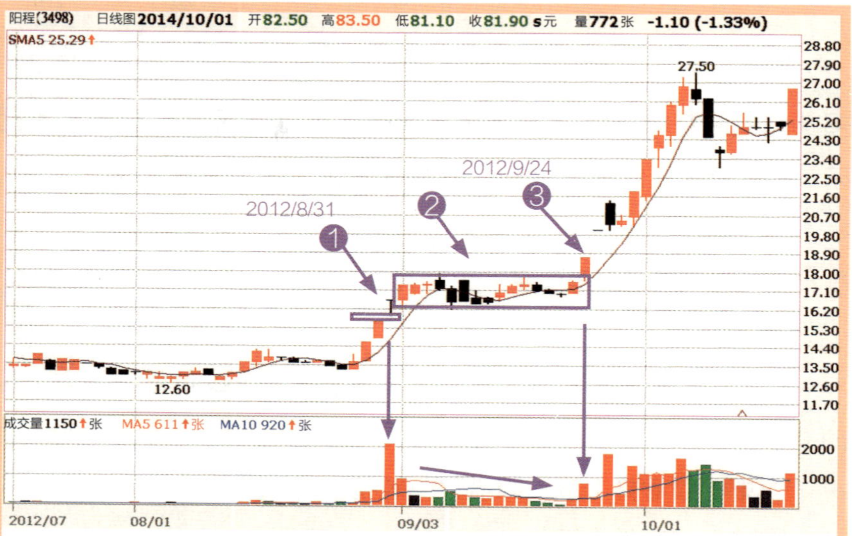

❶ 阳程（3498）2012/8/31，当天出现大量跳空涨停板，放量约为前一天的3倍。

❷ 之后连续15日都维持在大量跳空涨停板的缺口之上，缺口没有被回补，盘整区量缩，等待发动攻击时做多。

❸ 2012/9/24，当天出现开盘向上跳空，收盘突破15天盘整，同时放量约为前一天的3倍，多头继续上涨，是多头买进位置。

资料来源：富邦e01电子交易系统

范例2：雷科日线

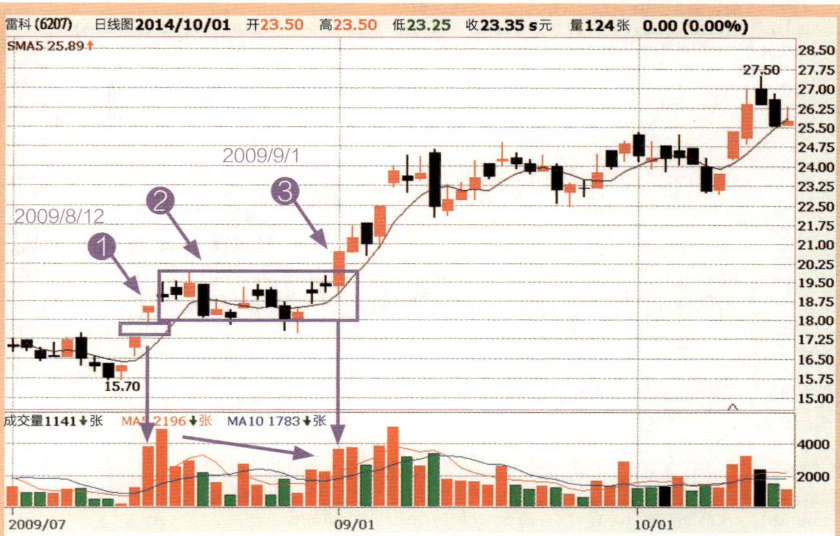

❶ 雷科（6207）2009/8/12，当天出现大量跳空涨停板，放量约为前一天的3倍。

❷ 之后连续13日都维持在大量跳空涨停板的缺口之上，缺口没有被回补，盘整区量缩，等待发动攻击时做多。

❸ 2009/9/1，当天出现大量长红K线，收盘突破13天盘整，同时放量约为前一天的1.5倍，多头继续上涨，是多头买进位置。

资料来源：富邦e01电子交易系统

范例3：迎广周线

❶ 迎广（6117）2014/2/17，当周出现大量跳空上涨红K线，放量约为前一周的5.2倍。

❷ 之后连续12周都维持在大量跳空缺口之上，缺口没有被回补，盘整时期量缩，等待发动攻击时做多。

❸ 2014/5/19，当周出现大量长红K线，收盘突破12周高点，同时放量约为前一天的49倍，中期多头继续上涨，是中期做多买进位置。

资料来源：富邦e01电子交易系统

多头进场位置5

多头底部形态，出现大量中长红K线向上突破，形态确认时，是进场的位置。

简单口诀 形态突破的买点

1. 上涨红K线如符合“价涨、量增、线实”的信号，买进上涨的概率很高。

价涨：收盘价上涨，收盘价确认突破形态上颈线。

量增：成交量大于昨日成交量的1.3倍。

线实：K线收中长红K的实体棒（上涨2.5%以上）。

2. 日线进场的K线信号是操作短线的买进位置。

周线进场的K线信号是操作中长线的买进位置。

3. 形态突破确认之后，可以参考形态上涨的目标价，预估获利空间及操作的目标。不同形态，达到目标价的概率不同。

4. 当天形态突破确认上涨的红K线，如果是跳空上涨的K线，上涨力道越强，越要把握机会进场做多。

5. 进场后要设定止损，并且严格执行止损。

6. 多头底部反转成功率高的几个形态：头肩底、复式头肩底、N字底、三重底、圆弧底、一字底（有关形态的详细说明参见《抓住飙股轻松赚》p.309附录：学会辨认形态，股市无往不利）。

范例1：建材日线

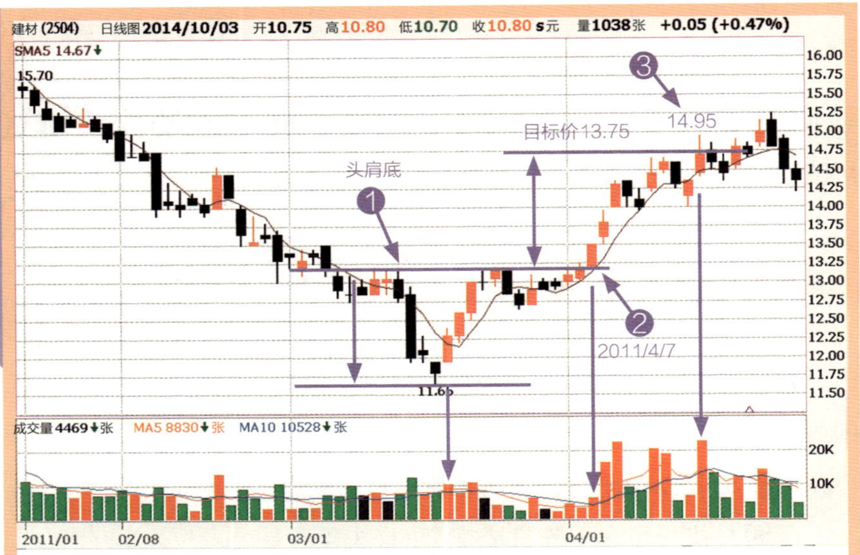

❶ 建材（2504）空头下跌到低档，大量长红反弹到前面的高点，回档2天开始上涨，形成头肩底形态，两高点连接成形态上颈线。

❷ 2011/4/7，当天出现大量长红K线，收盘突破头肩底形态上颈线，同时放量约为前一天的2倍，形态确认，底部多头完成。

形态目标价位置13.2 +（13.2 – 11.65）= 14.75。

❸ 2011/4/20，当天最高点到14.95，收盘14.7。

资料来源：富邦e01电子交易系统

范例2：亚聚日线

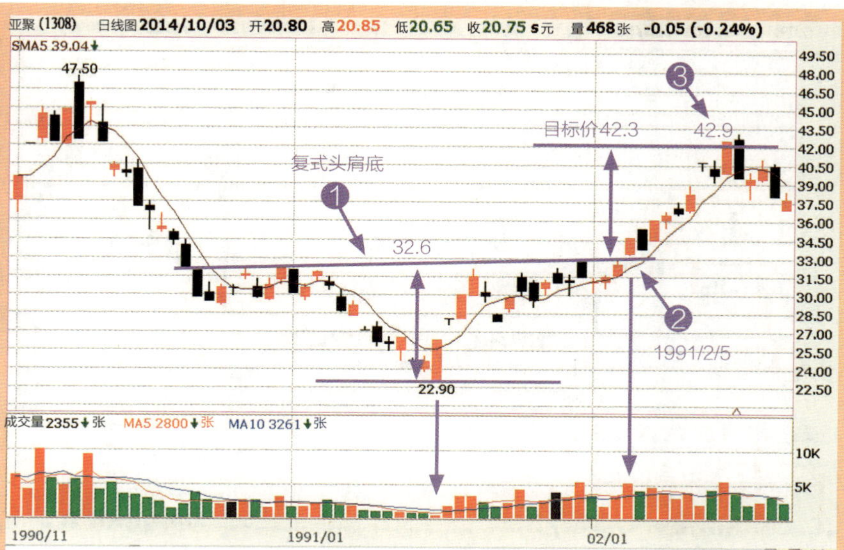

❶ 亚聚（1308）空头下跌到低档，窒息量长红吞噬，反弹到前面的高点，回档盘右肩后开始上涨，形成复式头肩底形态，两高点连接成形态上颈线。

❷ 1991/2/5，当天出现大量跳空长红K线，收盘突破复式头肩底形态上颈线，同时放量约为前一天的1.5倍，形态确认，底部多头完成。

形态目标价位置32.6＋（32.6 － 22.9）＝42.3。

❸ 1991/2/21，当天收盘42.9。

资料来源：富邦e01电子交易系统

范例3：华泰日线

❶ 华泰（2329）空头下跌到低档，长达2.5个月底部盘整形成三重底形态，两高点连接成形态上颈线。

❷ 2012/2/1，当天出现大量长红K线，收盘突破三重底形态上颈线，同时放量约为前一天的1.3倍，形态确认，底部多头完成。

形态目标价位置4.45 +（4.45 － 3.95）= 4.95。

❸ 2012/2/4，当天收盘5.00。

资料来源：富邦e01电子交易系统

范例4：启碁日线

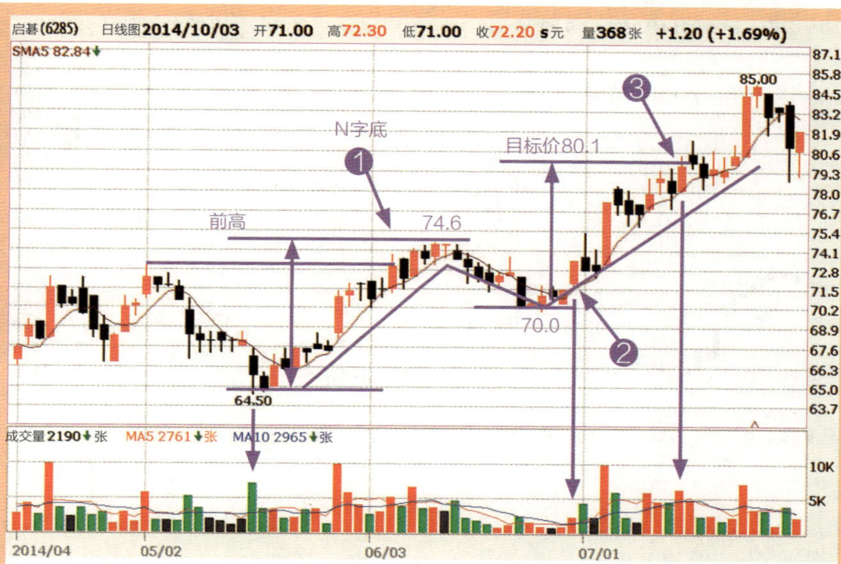

❶ 启碁（6285）空头下跌到低档后，出现大量长下影线黑K，然后强力反弹突破前高，最高点到74.6，回档幅度不到反弹幅度的二分之一，出现止跌。

❷ 2014/6/30，当天出现大量长红K线上涨，收盘突破前5天K线高点，出现晨星转折的回后上涨，呈现N字底形态上涨。当天放量约为前一天的2倍，形态确认，当天进场。

形态目标价位置70 +（74.6 － 64.5）= 80.1。

❸ 2014/7/14，当天高点80.4，收盘79.7。

资料来源：富邦e01电子交易系统

范例5：高雄银日线

❶ 高雄银（2836）空头下跌到低档，4个月打底，逐渐形成圆弧底形态。

❷ 2000/1/25，当天出现大量长红K线上涨，收盘突破圆弧底左边高点13.0，当天放量约为前一天的2倍，形态确认，当天收盘进场。

形态目标价位置13 +（13 － 10.5）= 15.5。

❸ 2000/2/9，当天高点15.6，收盘15.5。

资料来源：富邦e01电子交易系统

范例6：新建周线

❶ 新建（2516）空头到低档，6个月下跌打底，由于长时间打底，周线逐渐形成圆弧底形态。

❷ 2010/8/30，当周出现大量长红K线上涨，收盘突破圆弧底左边高点7.95，当天放量约为前一周的6.5倍，形态确认，当周收盘进场。

形态目标价位置7.95 +（7.95 － 5.55）= 10.35。

❸ 2010/10/4，当天高点10.7，收盘10.0。

资料来源：富邦e01电子交易系统

范例7：阳程日线

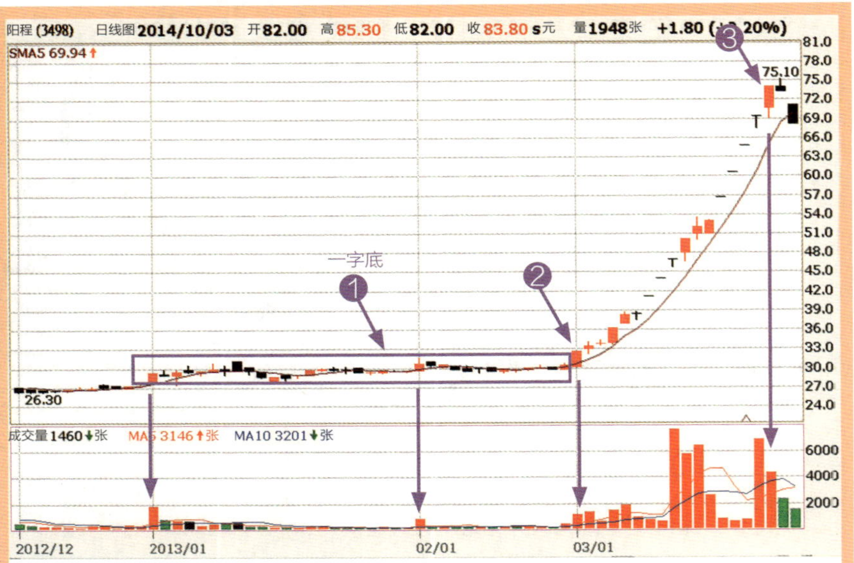

❶ 阳程（3498）空头到低档，3个月横向打底，由于长时间在狭幅区间整理，逐渐形成一字底形态，打底期间偶尔看到突出大量。

❷ 2013/3/1，当天出现大量长红K线上涨，收盘突破一字底盘整高点，当天放量约为前一天的3倍，一字底形态突破确认，当天收盘32.6进场。一字形态底部，突破后经常成为强势飙股，要把握进场做多，按照纪律守MA5均线操作，会有惊人获利。

❸ 2013/3/25，当天高档连续出现大量，次两日2013/3/27，黑K收盘跌破MA5均线，收盘68.2出场。

单趟获利（68.2 － 32.6）÷32.6＝109%，获利惊人。

资料来源：富邦e01电子交易系统

范例8：伍丰周线

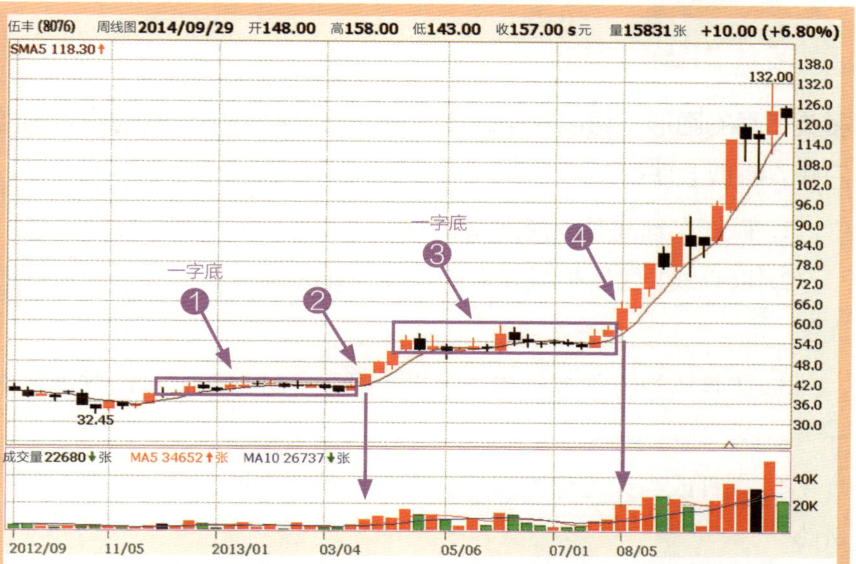

❶ 伍丰（8076）空头到低档，3个月横向打底，由于长时间在狭幅区间整理，逐渐形成一字底形态，打底期间偶尔看到突出大量。

❷ 2013/3/25，当周出现大量长红K线上涨，收盘突破一字底盘整高点，当周放量约为前一周的2倍，一字底形态突破确认，当周可以进场。一字底形态底部，突破后经常成为强势飙股，要把握进场做多，按照纪律守MA5周均线操作，都会有不错获利。

❸ 上涨4周后，再出现4个月横向整理，由于长时间在狭幅区间整理，再形成一字底形态。

❹ 2013/8/5，当周出现大量长红K线上涨，收盘突破一字形盘整高点，当周放量约为前一周的2.3倍，一字底形态突破确认，当周可以进场。后续按照纪律守MA5周均线操作，上涨幅度惊人。

资料来源：富邦e01电子交易系统

多头进场位置6

多头下面的图形，可以在当天收盘或次日开盘进场，做隔日冲或当日冲，赚取上涨价差。

1. 抓住次日开盘或当天收盘的机会进场，赚取上涨价差。

2. 以日线K线转折或续涨的信号，作为买进的位置，与基本面无关。

3. 次日或当天走势强劲，可以看趋势、价量配合及位置再留单一天。

4. 次日或当天走势不理想，没有价差就出场，因此没有大赔的风险。

5. 属于超短线操作，获利不大，要以量取胜。

操作纪律：

1. 选择符合条件的强势多头股票做多，或空头急跌的股票抢反弹做多。

2. 盘中可以用5分K走势图操作。

3. 此法获利小，要以量取胜，资金要集中在1~2档，不宜同时做多档股票，以免盘中无法照顾。

4. 操作必须看盘，并且严守止损及止盈纪律。

情况1 多头回档到重要支撑，出现止跌的变盘线，隔日跳空开高盘进场做多。重要支撑：月线、季线、大量缺口、大量长红K线、盘整突破的上颈线。

威刚日线

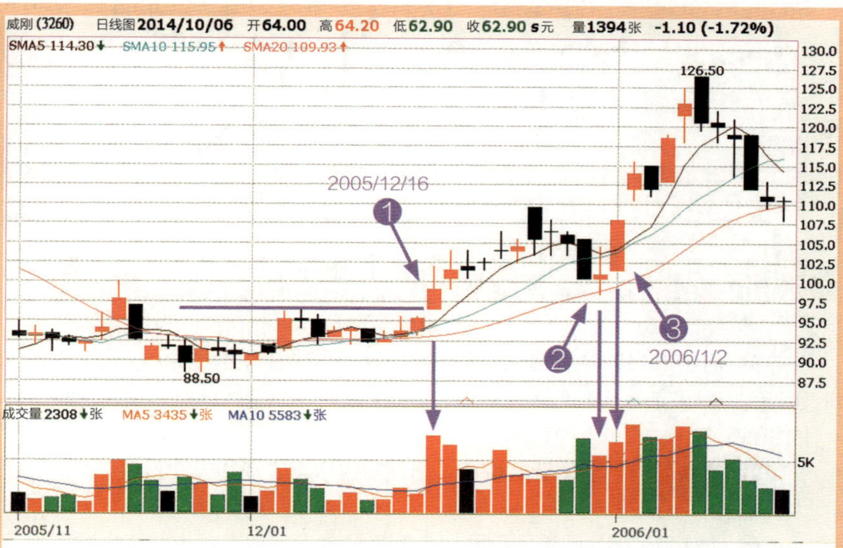

❶ 威刚（3260）2005/12/16，当天出现大量跳空上涨红K线，放量约为前一天的4倍。收盘突破前高，当天多头确认，是多头进场位置。

❷ 多头回档到月线重要支撑，当天出现十字变盘线，必须注意次日是否出现开高。

❸ 次日2005/1/2，跳空开盘，开盘买进做多当冲。收盘放量涨停板，可以再留一日操作。

资料来源：富邦e01电子交易系统

浩鼎日线

❶ 浩鼎（4174）连续大涨到高档，2014/7/28当天出现大量跳空下跌黑K线，跌破前一天长红K线低点，放量约为前一天的1.7倍，呈现急涨后的急跌。

❷ 急跌回档到前面低点位置，出现支撑十字变盘线。次日2014/8/8，为开低盘，不宜进场。

❸ 2014/8/18，回档到前面两个低点位置，出现支撑十字变盘线。观察次日是否有机会开高反弹。次日2014/8/19，跳空开盘，开盘买进做多当冲。

❹ 2014/9/9，当天出现大量长红K线，收盘突破前面高点，放量约为前一天的5倍，多头确认，收盘做多的次日上涨。

资料来源：富邦e01电子交易系统

情况2 多头向上跳空过压力，或向上跳空突破盘整，当天跳空开盘做多。

台航日线

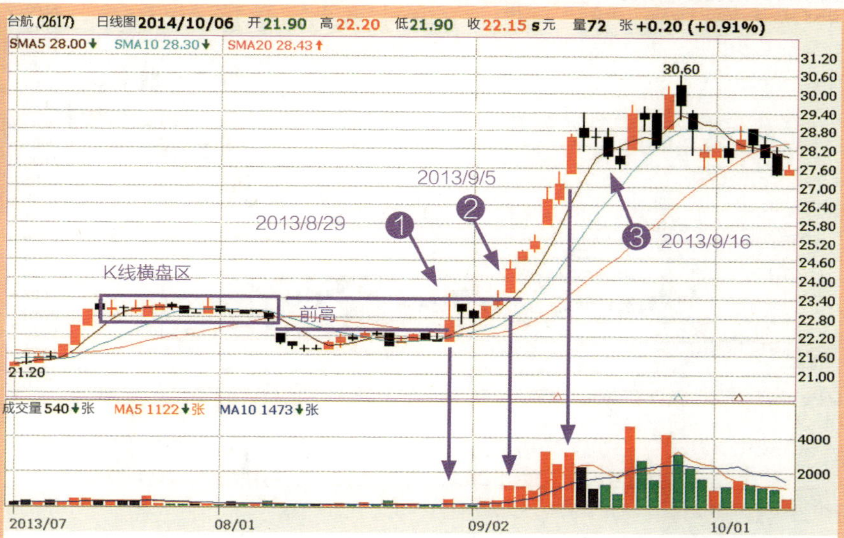

❶ 台航（2617）2013/8/29，当天出现大量红K线，上涨遇到“K线横盘区”压力，出现上影线，收盘突破前高，放量约为前一天的3倍，收盘确认“头头高、底底高”多头完成。

❷ 回档后上涨2天，接近“K线横盘区”压力。2013/9/5开盘跳空突破“K线横盘区”压力，当天开盘买进，做多当冲。当天多头趋势，收盘突破“K线横盘区”压力，也可以收盘买进做多，设好止损，沿日均线操作。

❸ 2013/9/16，当天出现黑K线，收盘跌破5日均线，收盘出场。

资料来源：富邦e01电子交易系统

情况3 大量过高长红，当天收盘买进，做次日上涨价差。

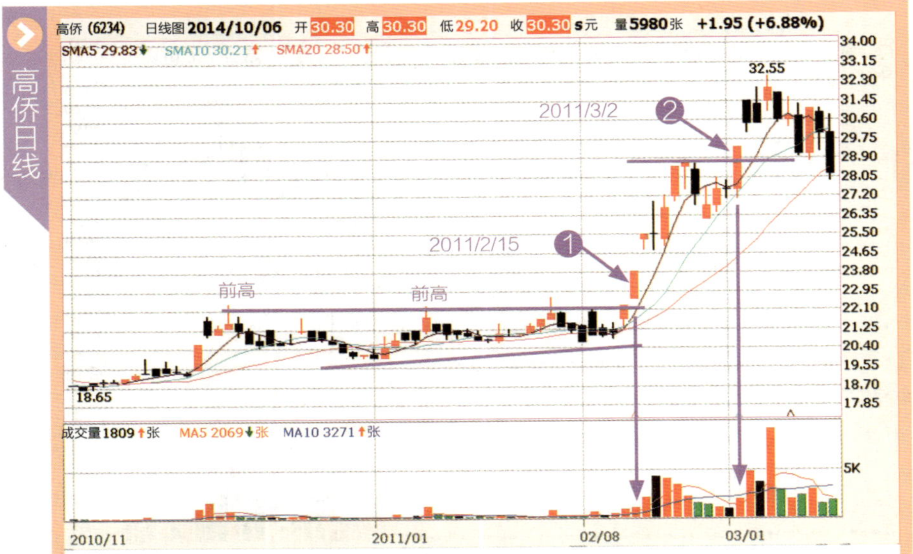

❶ 高侨（6234）2011/2/15，当天出现开盘跳空突破盘整的前高，当天开盘买进，做多当冲。收盘也突破底部盘整，确认“头头高、底底高”多头完成，也可以收盘买进做多，设好止损，沿5日均线操作。

❷ 2011/3/2，多头回档，当天大量长红K线，收盘过前5日高点，收盘买进，做隔日冲。

资料来源：富邦e01电子交易系统

情况4 空头急跌当天出现大量长红K线的止跌反弹，收盘过高。收盘买进，做隔日冲（次日上涨价差）。

中磊日线

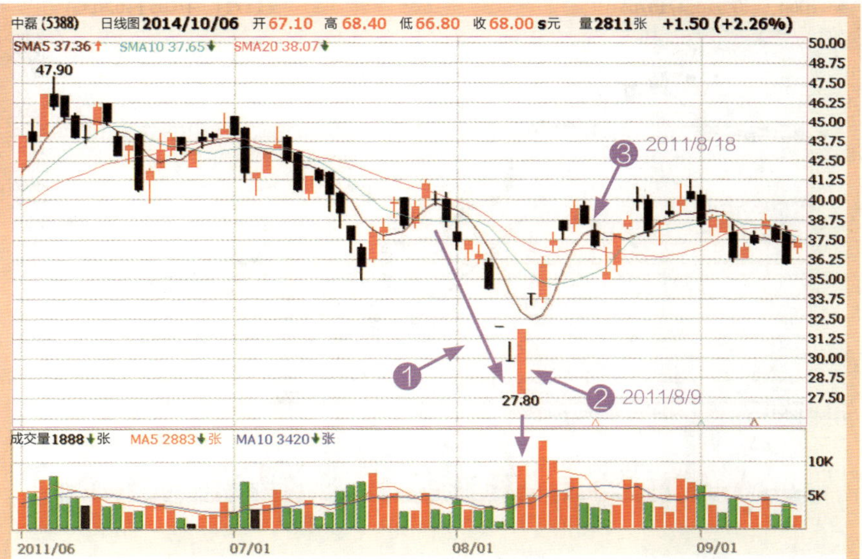

❶ 中磊（5388）空头出现连续跌停板的急跌。

❷ 2011/8/9，当天出现大量长红K线，放量约为前一天的1.9倍。收盘突破前一天高点，收盘买进做隔日冲。当天收盘也符合急跌的抢反弹4个条件（参见《抓住K线获利无限》p.316），收盘买进，设好止损，做抢反弹波段。

❸ 2011/8/18，黑K收盘跌破3日K线低点，也跌破5日均线，按照抢反弹出场纪律，收盘出场。

资料来源：富邦e01电子交易系统

情况5 空头急跌当天出现大量K线止跌信号，次日开盘向上跳空，开盘时买进，做当天反弹上涨价差。

荣化日线

❶ 荣化（1704）空头长期下跌，出现急跌。

❷ 2012/11/1，当天出现大量长下影线黑K锤子变盘线，放量约为前一天的3倍，是止跌的信号，观察次日是否开高反弹。

❸ 2012/11/2，跳空开高，开盘进场做当冲。

资料来源：富邦e01电子交易系统

力旺日线

❶ 力旺（3529）空头长期下跌，出现连续跌停板急跌。

❷ 2014/8/11，当天出现大量长红线，放量为前一天的2倍，是止跌反弹的信号，当天收盘做隔日冲。当天收盘也符合急跌抢反弹4个条件，收盘买进，设好止损，也可以做抢反弹波段。

❸ 2014/8/21，黑K收盘跌破2日K线低点，也跌破5日均线，按照抢反弹出场纪律，收盘出场。

❹、❺ 2014/9/9与10/3，多头回档到月线支撑，前一天出现止跌变盘线，当天跳空开高进场，做当冲（情况1的条件）。

资料来源：富邦e01电子交易系统

第3节

股票做空 6个放空位置

在本章所述的6个位置，投资人可以进场做空。从所举的范例中，可以学会如何正确判断放空位置。

空头放空位置1

盘整末端的向下跌破下颈线黑K线。

简单口诀 盘整的跌破

1. 黑K线如符合“价跌、线实”的信号，放空成功下跌的概率很高。

价跌：收盘价下跌，收盘价跌破盘整的下颈线。

线实：K线收中长黑K的实体棒（下跌2.5%以上）。

成交量：大量或小量都可以。

2. 日线进场的K线信号是操作短线的放空位置。

   周线进场的K线信号是操作中长线的放空位置。

3. 黑K线实体棒越长，下跌力道越强。

4. 跳空下跌的缺口越大，下跌力道越强。

5. 进场后要设定止损，并且严格执行止损。

范例1：创惟日线

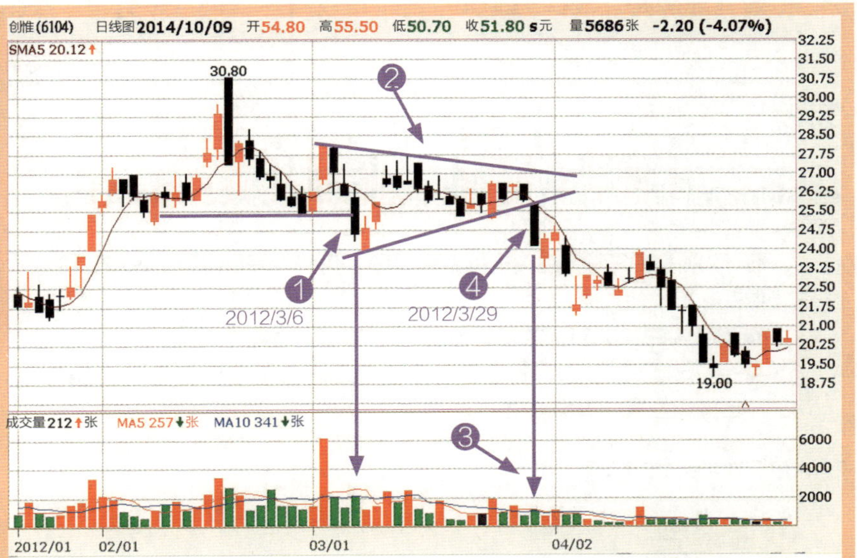

❶ 创惟（6104）2012/3/6，大量长黑K线跌破前面低点，空头“头头低、底底低”确认，反弹不过高等做空。

❷ 空头走势下跌一段后盘整，等待盘整的跌破K线再进场做空。

❸ 2012/3/29，当天放量约为前一天的1.9倍大量。

❹ 当天长黑K线实体棒，收盘跌破盘整下颈线。收盘前确认，符合进场位置，进场放空。

资料来源：富邦e01电子交易系统

范例2：欣兴日线

❶ 欣兴（3037），空头走势下跌一段后盘整，等待盘整的跌破K线再进场做空。

❷ 2008/9/10，当天放量约为前一天的2倍大量。

❸ 当天向下跳空长黑K线实体棒，收盘跌破盘整下颈线。收盘前确认，符合进场位置，进场放空。

资料来源：富邦e01电子交易系统

重点提示

1. 当一档股票涨到相对的高档位置，开始进入横向盘整（也称为做头），就可以开始锁股追踪观察，等到大量长黑K线跌破时放空。

2. 当一档股票空头下跌一段（初跌段），开始进入盘整时，这时可以锁股追踪观察，等到长黑K线跌破时放空，做主跌段的下跌（有量或无量下跌均可）。

范例3：欣兴周线

❶ 欣兴（3037），周线空头走势下跌一段后盘整，等待盘整的跌破K线再进场做空。

❷ 2001/5/7，当周量缩约为前一天的二分之一量。空头进场位置有量或无量都可以进场，设好止损即可。

❸ 当周向下跳空长黑K线实体棒，收盘跌破盘整下颈线。收盘前确认，符合进场位置，进场放空做中期空头。

资料来源：富邦e01电子交易系统

3. 当一档股票空头已经下跌过2波段，到相对的低档位置，开始进入盘整时，这时可以锁股追踪观察，等到大量长黑K线跌破时进场放空，但是要特别注意3天之内不可以出现反弹回到盘整区内，这容易是“假跌破、真上涨”。

4. 盘整末端出现“假跌破、真上涨”，如果出现大量上涨的中长红K，往上突破盘整区，后续要大涨，可以反手做多（这个盘整区称为底部）。

范例4：南亚日线

❶ 南亚（1303），空头走势下跌到低档后盘整，等待盘整的跌破K线再进场做空。

❷ 2009/3/2，当天放量约为前一天的4倍大量。

❸ 当天向下长黑K线实体棒，收盘跌破盘整下颈线。收盘前确认，符合进场位置，进场放空做中期空头。

❹ 连续反弹5天，2009/3/9红K收盘突破进场长黑K线实体棒高点，同时也突破盘整上颈线，空单止损，反手做多，日后连续大涨。2009/3/2长黑K线为假跌破，2009/3/9红K为真上涨。

资料来源：富邦e01电子交易系统

空头放空位置2

空头反弹没有过前面高点，再下跌的中长黑K线。

简单口诀 弹后空下跌

1. 黑K线如符合“价跌、线实”的信号，放空成功下跌的概率很高。

价跌： 收盘价下跌，收盘价跌破前一天K线的最低点。

线实： K线收中长黑K的实体棒（下跌2.5%以上）。

成交量： 大量或小量都可以。

2. 日线进场的K线信号是操作短线的放空位置。

周线进场的K线信号是操作中长线的放空位置。

3. 反弹幅度越小就止涨下跌的股票越弱，越是要把握机会进场做空。

4. 当天如果是跳空下跌的中长黑K线，下跌力道越强，更要把握机会进场做空。

5. 放空后要设定止损，并且严格执行止损。

范例1：玉晶光日线

❶ 玉晶光（3406）2012/3/20，大量长黑K线跌破前面低点，空头“头头低、底底低”确认。

❷ 2012/3/27，空头反弹不过前高，大量长黑K线跌破前面低点，是进场做空的位置。

❸ 2012/4/17，空头反弹不过前高，大量长黑K线跌破前面低点，是进场做空的位置。

资料来源：富邦e01电子交易系统

范例2：台积电周线

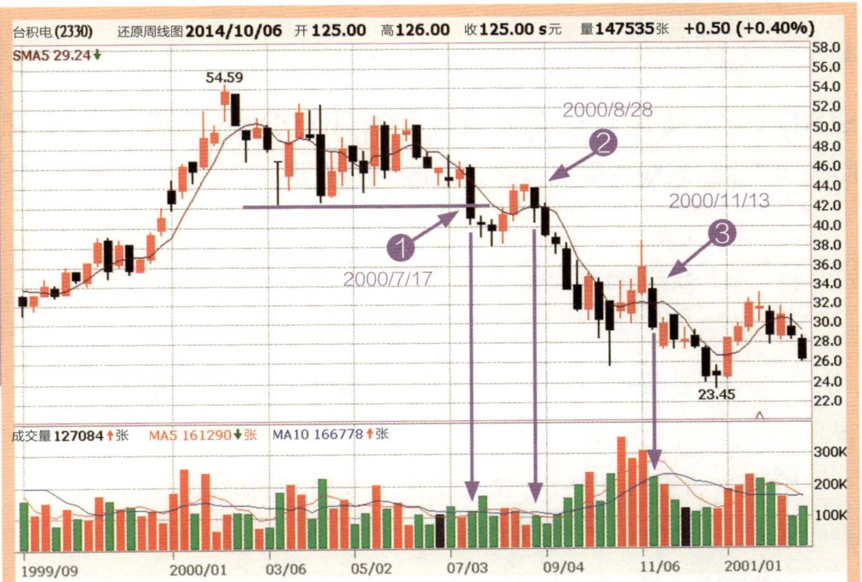

❶ 台积电（2330）2000/7/17，当周大量长黑K线跌破前面头部盘整低点，中期空头“头头低、底底低”确认。

❷ 2000/8/28，周线空头反弹不过前高，大量长黑K线，收盘跌破前一周K线低点，是中期做空进场的位置。

❸ 2000/11/13，周线空头反弹不过前高，量缩长黑K线，收盘跌破前一周K线低点，是中期做空进场的位置。

资料来源：富邦e01电子交易系统

空头放空位置3

空头中长黑K线下跌后，股价维持在K线下方横盘，当再出现中长黑K线，收盘跌破横盘最低点时，是放空的位置。

简单口诀　K线横盘的跌破

1. 黑K线如符合“价跌、线实”的信号，放空成功下跌的概率很高。

价跌： 收盘价下跌，收盘价跌破K线横盘的最低点。

线实： K线收中长黑K的实体棒（下跌2.5%以上）。

成交量： 大量或小量都可以。

2. 日线进场的K线信号是操作短线的放空位置。

周线进场的K线信号是操作中长线的放空位置。

3. 跌破当天如果是跳空下跌的黑K线，代表股票越弱，越要把握机会放空做空。

4. 放空后要设定止损，并且严格执行止损。

范例1：晶电日线

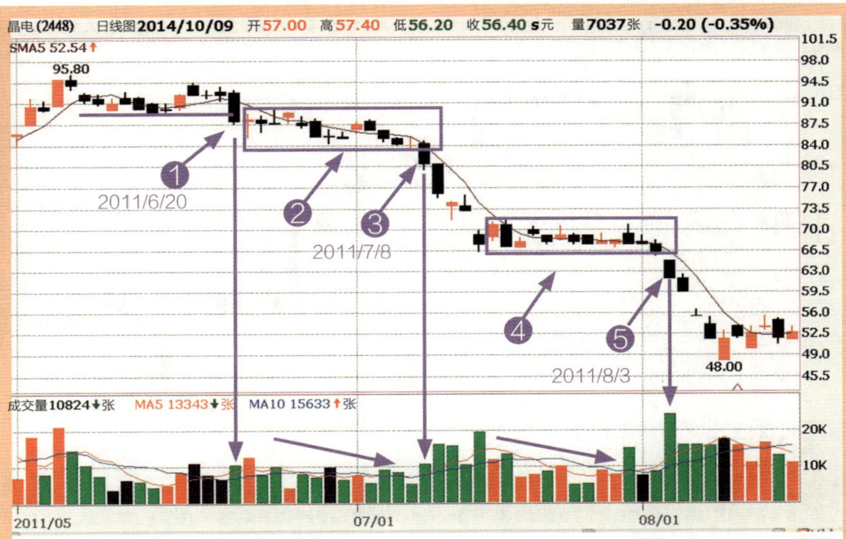

❶ 晶电（2448）2011/6/20，当天出现大量长黑K线，放量约为前一天的1.5倍，收盘跌头部破盘整低点，空头“头头低、底底低”确认，是空头放空位置。

❷ 大量长黑K线之后，在长黑K线下方横盘13天，横盘时量缩。

❸ 2011/7/8，当天出现大量长黑K线，收盘跌破13天K线横盘，同时放量约为前一天的2倍，空头继续下跌，是空头放空位置。

❹ 空头下跌中，在缺口之下K线横盘13天，横盘时量缩。

❺ 2011/8/3，当天出现向下跳空的大量长黑K线，收盘跌破13天K线横盘，同时放量约为前一天的3倍，空头继续下跌，是空头放空位置。

资料来源：富邦e01电子交易系统

范例2：东贝日线

❶ 东贝（2499）2010/1/7，当天出现大量长黑K线，放量约为前一天的1.3倍，收盘跌前面低点，空头“头头低、底底低”确认，是空头放空位置。

❷ 大量长黑K线之后，在长黑K线下方横盘7天，横盘时量缩。

❸ 2010/1/19，当天出现大量长黑K线，收盘跌破7天K线横盘，同时放量约为前一天的1.7倍，空头继续下跌，是空头放空位置。

资料来源：富邦e01电子交易系统

范例3：璨圆周线

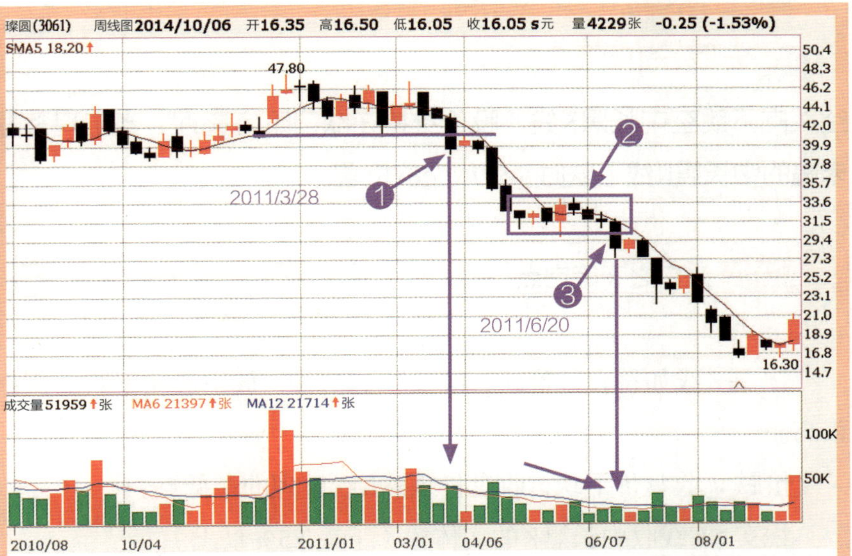

❶ 璨圆（3061）2011/3/28，当周出现大量长黑K线，放量约为前一周的1.8倍，收盘跌前面低点，周线空头“头头低、底底低”确认，是中期空头放空位置。

❷ 连续下跌4周后，周K线横盘7周，横盘时量缩。

❸ 2011/6/20，当天出现放量长黑K线，收盘跌破7周K线横盘，同时放量约为前一天的1.1倍，空头继续下跌，是中期空头放空位置。

资料来源：富邦e01电子交易系统

空头放空位置4

空头向下跳空中长黑K线，股价维持在缺口下方整理，当出现整理末端的中长黑K线下跌时，是放空的位置。

简单口诀 **缺口之下等空点**

1. 黑K线如符合“价跌、线实”的信号，放空成功下跌的概率很高。

价跌： 收盘价下跌，收盘价跌破K线整理的最低点。

线实： K线收中长黑K的实体棒（下跌2.5%以上）。

成交量： 大量或小量都可以。

2. 日线进场的K线信号是操作短线的放空位置。

周线进场的K线信号是操作中长线的放空位置。

3. 当日下跌黑K线如果是再出现跳空下跌的K线，是主力强势下杀，更要把握机会进场做空。

4. 放空后要设定止损，并且严格执行止损。

范例1：台聚日线

❶ 台聚（1304）1995/4/15，长黑下跌下方横盘6天，当天出现大量长黑K下跌，放量约为前一天的1.1倍，是空头确认下跌，可以做空。

❷ 1995/5/5，下跌走势中出现向下跳空缺口的放量长黑K线。

❸ 缺口之下横向盘整15天，横盘时量缩。

❹ 1995/5/24，当天收盘跌破15天横盘低点，同时放量约为前一天的1.2倍，空头继续下跌，是空头放空位置。

资料来源：富邦e01电子交易系统

范例2：亚聚日线

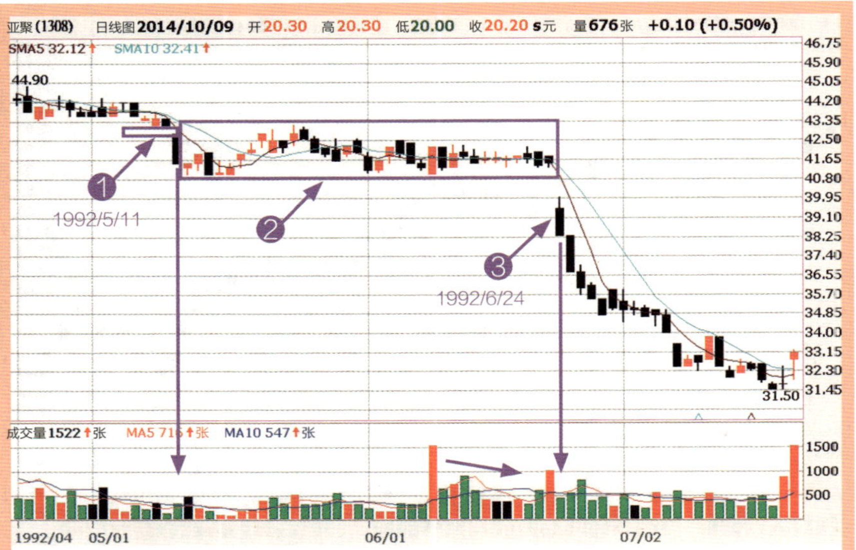

❶ 亚聚（1308）1992/5/11，下跌走势中出现向下跳空缺口的大量长黑K线下跌。

❷ 缺口之下股票盘整了35天，横盘末端量缩。

❸ 1992/6/24，当天向下跳空跌破35天盘整区，同时量缩，空头继续下跌，是空头放空位置。

资料来源：富邦e01电子交易系统

范例3：晶电周线

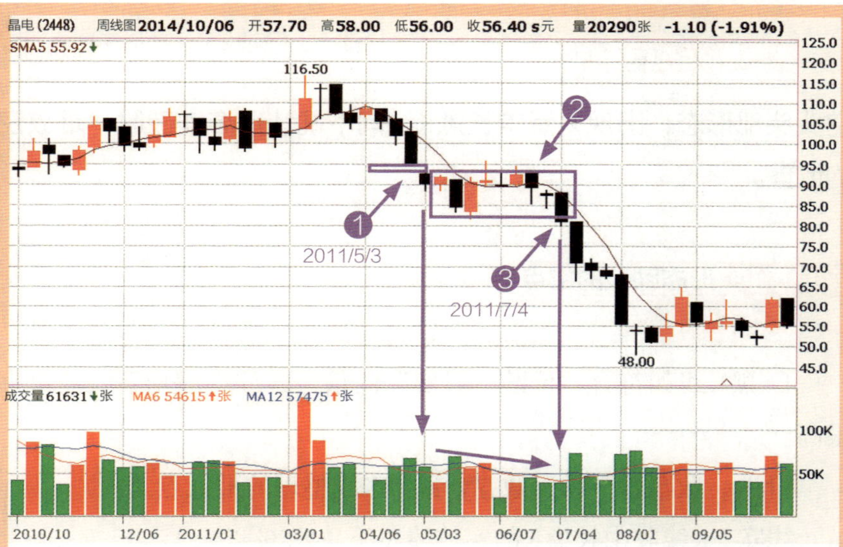

❶ 晶电（2448）2011/5/3，当周K线下跌出现向下跳空缺口的长黑K线下跌。

❷ 缺口之下股票盘整了9周，横盘时量缩。

❸ 2011/7/4，当周K线下跌，跌破9周横盘，同时量平，空头继续下跌，是空头放空位置。

资料来源：富邦e01电子交易系统

空头放空位置5

空头头部形态，出现大量中长黑K线向下确认形态跌破时，是放空的位置。

简单口诀 **形态跌破的空点**

1. 黑K线如符合“价跌、线实”的信号，放空成功下跌的概率很高。

价跌： 收盘价下跌，收盘价跌破K线整理的最低点。

线实： K线收中长黑K的实体棒（下跌2.5%以上）。

成交量： 大量或小量都可以。

2. 日线进场的K线信号是操作短线的放空位置。

周线进场的K线信号是操作中长线的放空位置。

3. 形态跌破确认之后，可以参考形态下跌的目标价，预估获利空间及操作的目标。不同形态，达到目标价概率不同。

4. 当天形态跌破确认下跌的黑K线，如果是跳空下跌的K线，下跌力道越强，越要把握机会进场做空。

5. 放空后要设定止损，并且严格执行止损。

6. 空头头部反转成功率高的几个形态：头肩顶、复式头肩顶、倒N字底、三重顶、一字头（形态详细说明参见《抓住飙股轻松赚》p.309附录：学会辨认形态，股市无往不利）。

范例1：奥斯特日线（头肩顶形态）

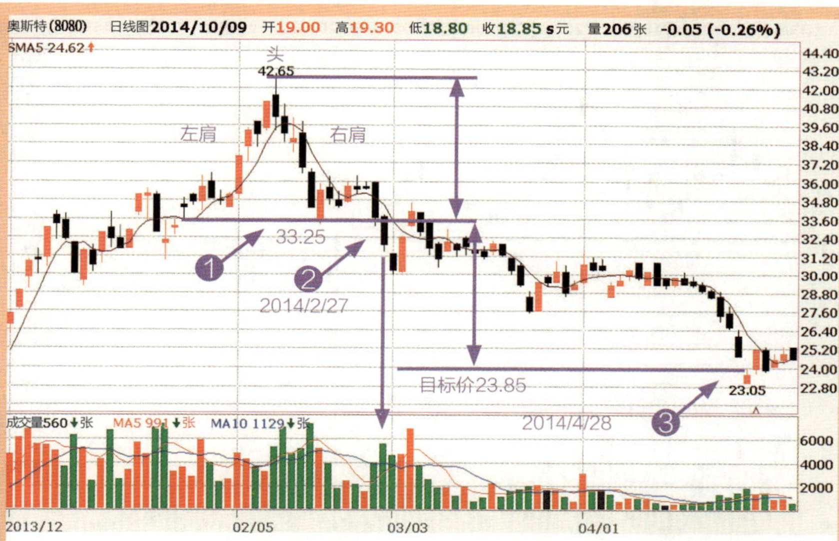

❶ 奥斯特（8080）多头上涨到高档，大量长黑回档到前面的低点，反弹2天开始下跌，形成头肩顶形态，两低点连接成形态下颈线。

❷ 2014/2/27，当天出现大量长黑K线，收盘跌破头肩顶形态下颈线，同时放量约为前一天的1.37倍，形态确认，头部空头完成。

形态目标价位置33.25 －（42.65 － 33.25）＝23.85。

❸ 2014/4/28，当天最高点到24，收盘23.55，达到目标价。

资料来源：富邦e01电子交易系统

范例2：亚聚周线（头肩顶形态）

❶ 亚聚（1308），多头上涨到高档，大量长黑回档到前面的低点，反弹7周开始下跌，形成头肩顶形态，两低点连接成形态下颈线。

❷ 2000/4/24，当周出现大量长黑K线，收盘跌破头肩顶形态下颈线，同时量缩，形态确认，头部空头完成。

形态目标价位置30.8 －（59 － 30.8）＝2.6。

❸ 2000/12/11，当天最低点9.3，未达到目标价。

资料来源：富邦e01电子交易系统

范例3：联电日线（复式头肩顶形态）

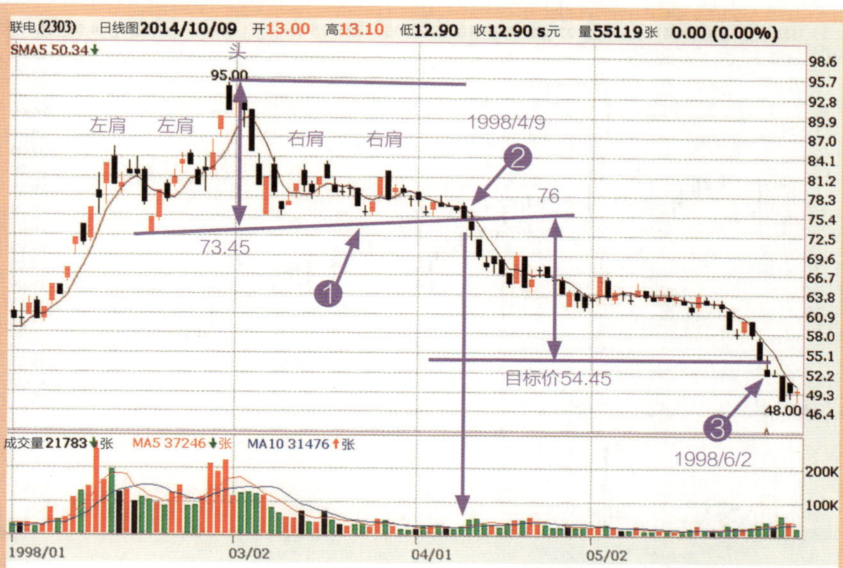

❶ 联电（2303）多头上涨到高档，大量长黑回档到前面的低点附近，反弹盘整呈现2个高点的右肩开始下跌，形成复式头肩顶形态，两低点连接成形态下颈线。

❷ 1998/4/9，当天出现大量长黑K线，收盘跌破复式头肩顶形态下颈线，形态确认，头部空头完成。

形态目标价位置76 －（95 － 73.45）＝54.45。

❸ 1998/6/2，当天最高点到55，收盘52，基本达到目标价。

资料来源：富邦e01电子交易系统

范例4：台嘉硕周线（复式头肩顶形态）

❶ 台嘉硕（3221）多头上涨到高档，大量长黑回档到前面的低点，反弹5周开始盘整，形成复式头肩顶形态，两低点连接成形态下颈线。

❷ 2010/8/30，当周出现量缩长黑K线，收盘跌破复式头肩顶形态下颈线，形态确认，头部空头完成。

形态目标价位置24.1 －（39.25 － 24.1）＝8.95。

❸ 2011/12/20，当天最低点9.25，收盘9.5，达到目标价。

资料来源：富邦e01电子交易系统

范例5：亚聚日线（倒N字形态）

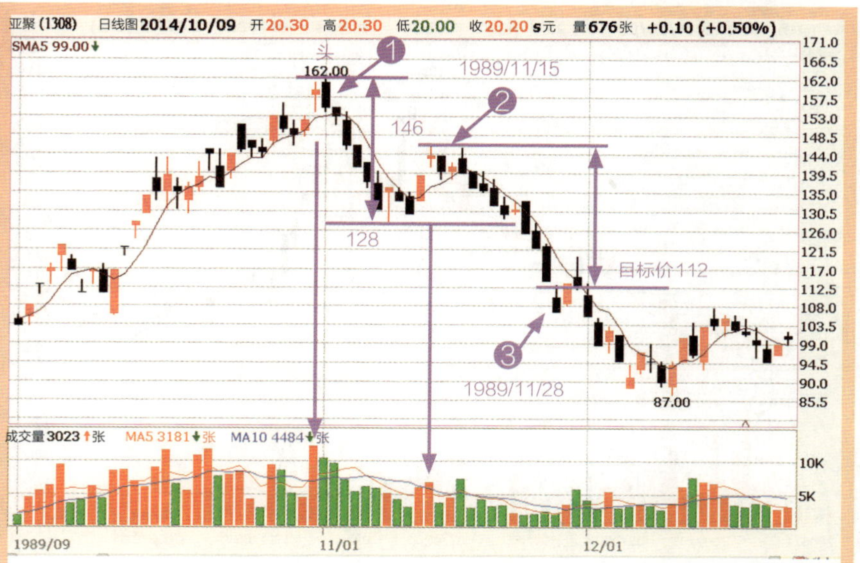

❶ 亚聚（1308）多头上涨到高档，爆大量十字变盘线，次日长黑回档到前面的低点，再反弹到下跌幅度的二分之一处，出现大量十字变盘线，高点146元。

❷ 1989/11/15，当天出现量缩长黑K线下跌，收盘跌破大量十字变盘线的最低点，形成倒N字形态，当天可以试空单。

形态目标价位置146 －（162 － 128）= 112。

❸ 1989/11/28，当天黑K下跌，达到目标价。

资料来源：富邦e01电子交易系统

范例6：振曜周线（倒N字形态）

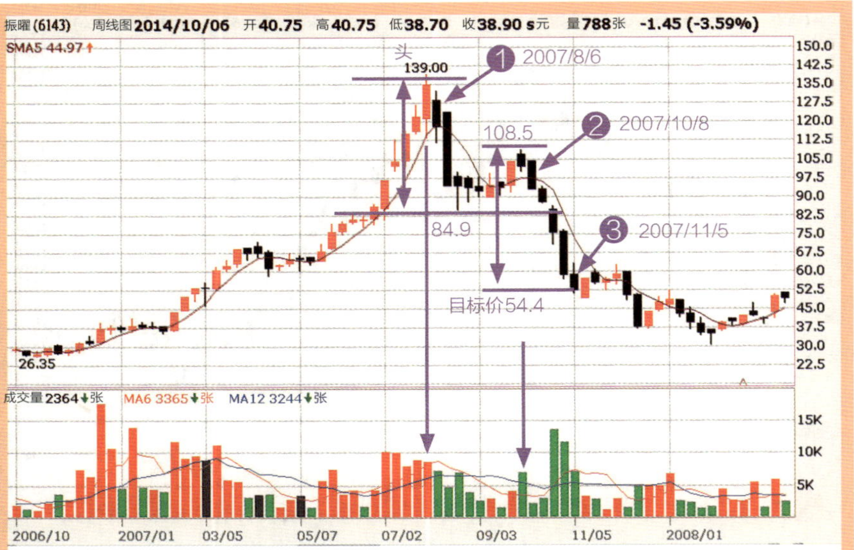

❶ 振曜（6143）多头上涨到高档，大量长红K线，次周2007/8/6出现长黑K回档到84.9低点，再反弹不到下跌幅度的二分之一处，出现大量黑K线，高点108.5元。

❷ 2007/10/8，当周出现量缩长黑K线下跌，收盘跌破前一周大量黑K线的最低点，形成倒N字形态，当周可以试空单。

形态目标价位置108.5 －（139 － 84.9）＝54.4。

❸ 2007/11/5，当周黑K下跌，达到目标价。

资料来源：富邦e01电子交易系统

范例7：台湾中华日线（三重顶形态）

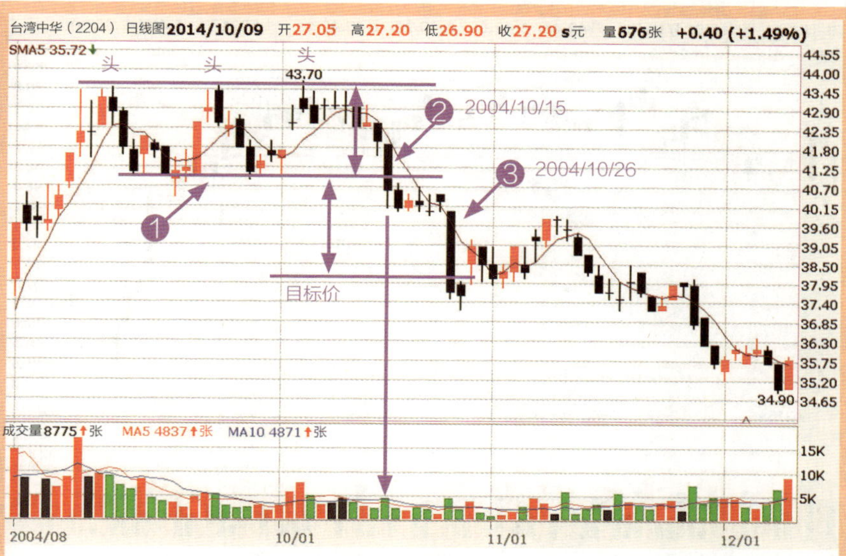

❶ 台湾中华（2204）多头上涨到高档，横盘1个多月，出现三个高点的三重顶形态。

❷ 2004/10/15，当天出现大量长黑K线下跌，收盘跌破三重顶的下颈线，当天做空。

❸ 2004/10/26，当天黑K下跌，达到目标价。

资料来源：富邦e01电子交易系统

范例8：晶技周线（三重顶形态）

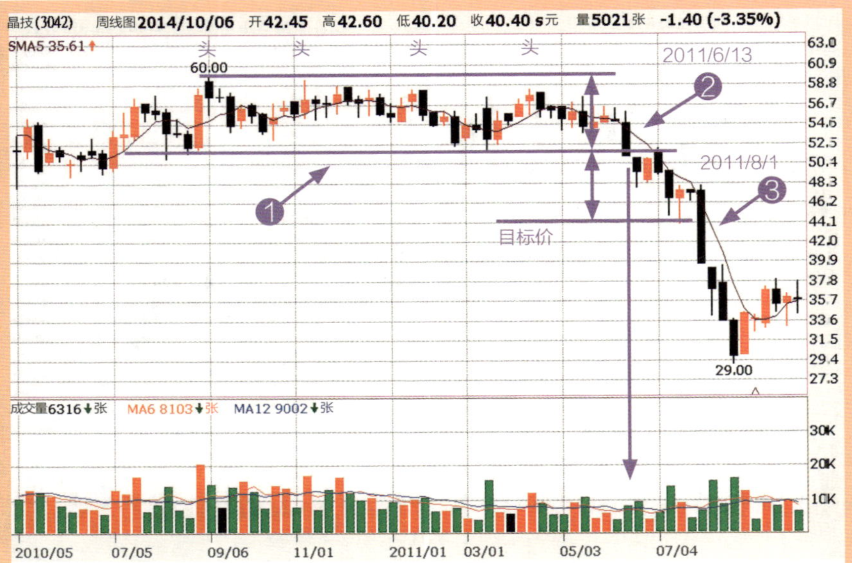

❶ 晶技（3042）多头上涨到高档，横盘10个月，陆续出现4个高点的三重顶形态。

❷ 2011/6/13，当周出现大量长黑K线下跌，收盘跌破三重顶的下颈线，当周做空。

❸ 2011/8/1，当周黑K下跌，达到目标价。

资料来源：富邦e01电子交易系统

范例9：大洋日线（一字顶形态）

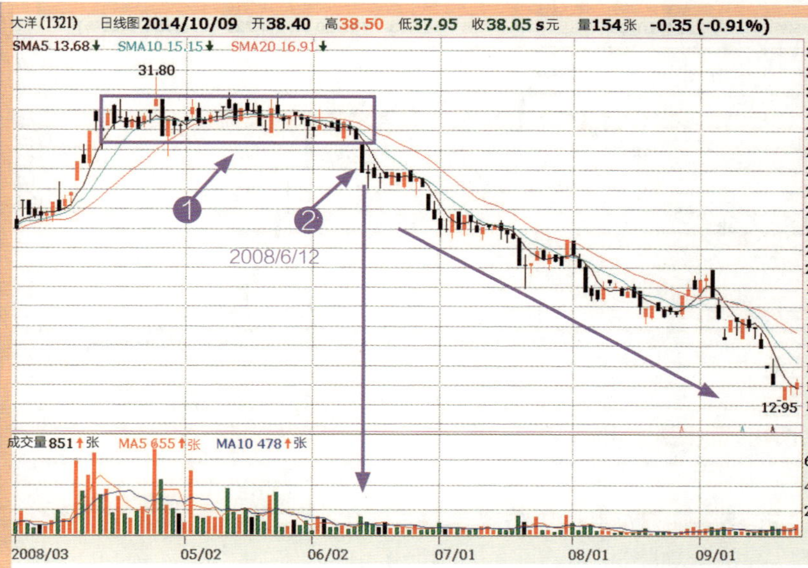

❶ 大洋（1321）多头上涨到高档，横盘2个多月，狭幅震荡形成一字顶的形态。

❷ 2008/6/12，当天出现大量长黑K线下跌，收盘跌破一字顶形态的下颈线，当天做空。一字顶的跌破，往往会形成跌幅很大的空头走势，要把握做空的机会。

资料来源：富邦e01电子交易系统

范例10：佳必琪日线（一字顶形态）

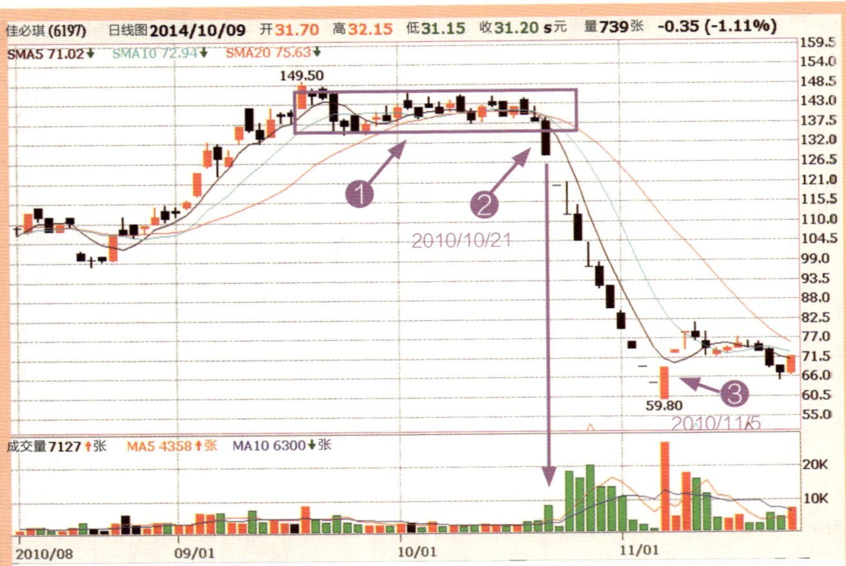

❶ 佳必琪（6197）多头上涨到高档，横盘1个月，狭幅震荡形成一字顶的形态。

❷ 2010/10/21，当天出现大量长黑K线下跌，收盘跌破一字顶形态的下颈线，当天做空。一字顶的跌破，往往会形成跌幅很大的空头走势，要把握做空的机会。

❸ 2010/11/5，当天出现大量长红吞噬的K线，是止跌反弹的信号，空单要回补。

资料来源：富邦e01电子交易系统

空头放空位置6

空头下面的图形，可以在当天收盘或次日开盘放空。做隔日冲或当日冲，赚取下跌的价差。

1. 抓住次日开盘或当天收盘的机会放空，赚取下跌的价差。

2. 以日线K线转折或是续跌的信号，作为放空的位置，与基本面无关。

3. 次日或当天走势很弱，可以看趋势、价量配合及位置再留单一天。

4. 次日或当天走势不理想，没有价差就回补，因此没有大赔的风险。

5. 属于超短线操作，获利不大，要以量取胜。

操作纪律：

1. 选择符合条件的强势空头股票做空，或多头急涨的股票抢回档做空。

2. 盘中可以用5分K走势图操作。

3. 此法获利小，要以量取胜，资金要集中在1~2档。不宜同时做太多档股票，以免盘中无法照顾。

4. 操作必须看盘，并且严守止损及止盈纪律。

情况1 空头反弹到重要压力，出现止涨的变盘线，隔日跳空开低盘进场做空。重要压力：月线、季线、大量缺口、大量长黑K线、盘整跌破的下颈线。

华通日线

❶ 华通（2313）2008/9/3，多头上涨到高档，长黑K线跌破前面低点，空头“头头低、底底低”架构完成。

❷ 2008/9/8，空头反弹到MA20月线压力，出现长下影线的变盘线，把握次日开盘做空的机会。

❸ 2008/9/9，当天向下开低盘，开盘做空当冲。

资料来源：富邦e01电子交易系统

东讯日线

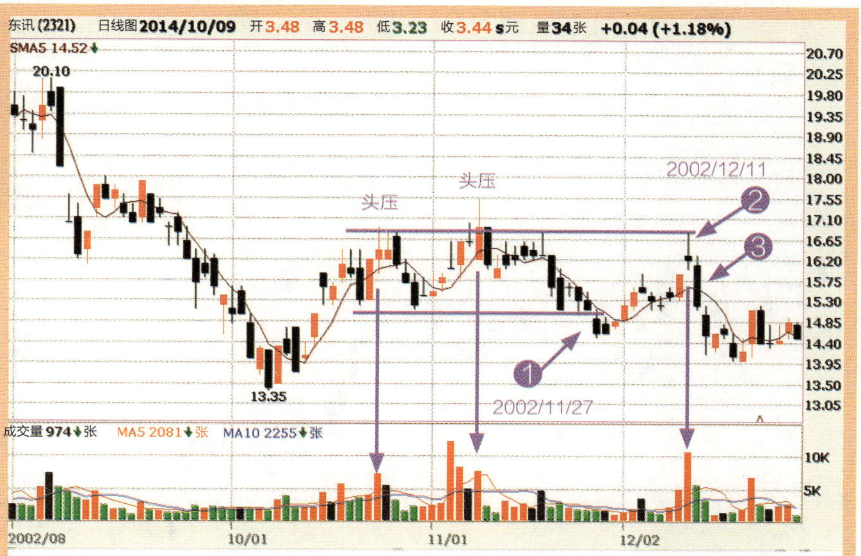

❶ 东讯（2321）2002/11/27，长黑K线跌破前面低点，空头“头头低、底底低”架构完成。

❷ 2002/12/11，空头反弹到头部高点压力，出现长上影线的十字变盘线，把握次日开盘做空的机会。

❸ 次日向下开低盘，开盘做空当冲。

资料来源：富邦e01电子交易系统

情况2 空头向下跳空跌破支撑，或向下跳空跌破盘整，当天开盘跳空做空。

合晶日线

❶ 合晶（6182）2012/7/12，长黑K线跌破前面低点，空头“头头低、底底低”架构完成。当天长黑K线也刚好遇到前面2个底部的支撑，是否有支撑，看次日的开盘。

❷ 2012/7/13，当天开低，开盘做空，做当日下跌。

❸ 2012/7/23，当天长黑K线跌破4日K线的横盘低点，收盘做空，做次日的下跌价差。

资料来源：富邦e01电子交易系统

晶豪科日线

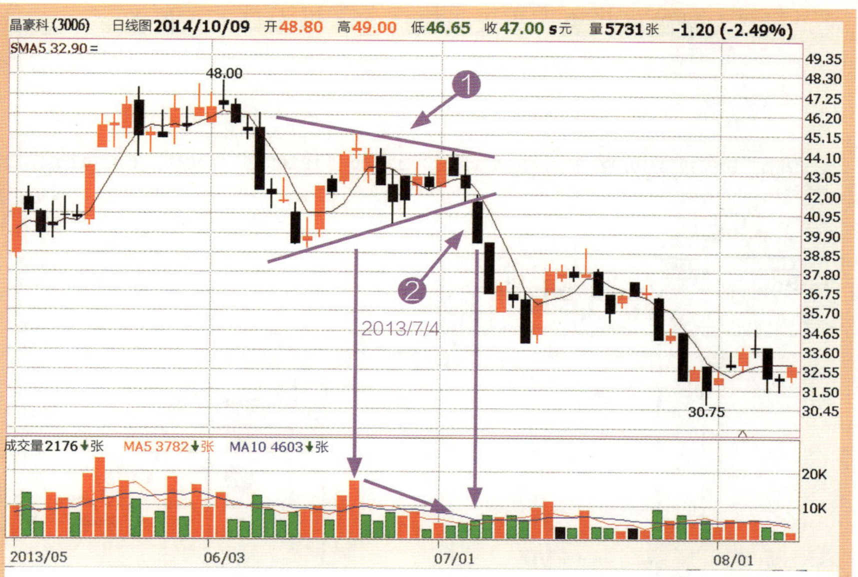

❶ 晶豪科（3006）空头下跌进入盘整区，盘整时量缩。

❷ 2013/7/4，当天开低跌破盘整的下颈线，开盘时做空，做当日下跌的价差。

资料来源：富邦e01电子交易系统

情况3 大量破低长黑，当天收盘放空，做次日下跌价差。

宏达电日线

❶ 宏达电（2498）2006/9/28，向下大量跳空长黑K线下跌，形成岛状反转，后续K线横盘5天。

❷ 2006/10/11，当天开低，开盘做空，做当日下跌。

❸ 2006/11/16、2006/12/8、2007/1/10这3天都是大量破低长黑K线，收盘放空，做次日的下跌价差。

资料来源：富邦e01电子交易系统

情况4 多头高档大量长红K上涨，次日出现大量长黑K线，收盘跌破昨日大量长红K低点（长黑吞噬），大量长黑K线收盘放空，做隔日冲（做次日下跌价差）。

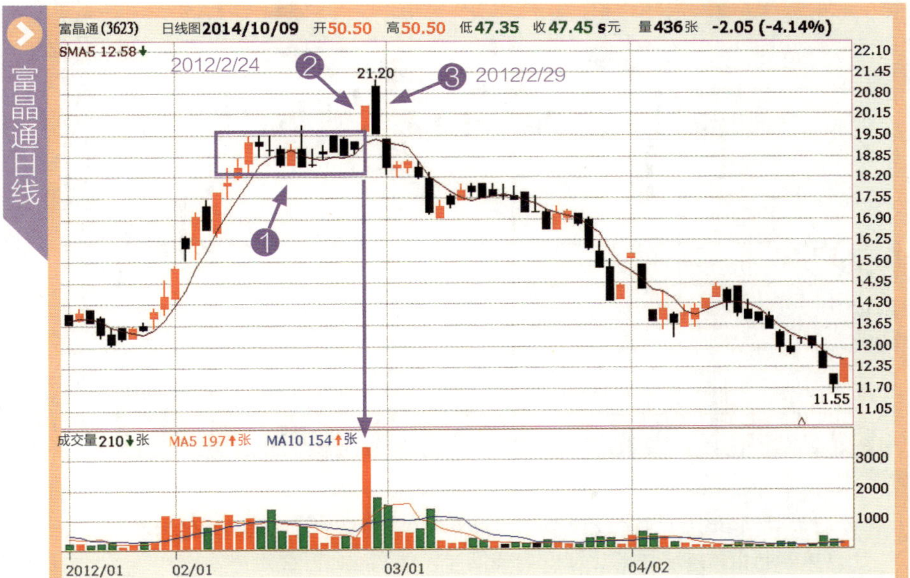

❶ 富晶通（3623）高档K线横盘11天。

❷ 2012/2/24，当天大量长红K上涨。

❸ 2012/2/29，当天出现量缩长黑K线，收盘跌破昨日大量长红K低点（长黑吞噬），大量长黑K线收盘放空，做次日下跌价差。

资料来源：富邦e01电子交易系统

情况5 多头急涨，大量红K线之后出现止涨变盘线信号，次日向下跳空开盘，开盘时放空，做当日回档下跌价差。

国泰金日线

❶ 国泰金（2882）2006/12/8、2007/1/4、2007/1/25，多头急涨，出现大量长红K线之后的止涨变盘线信号，观察次日开盘走势。

❷ 次日向下跳空开盘，开盘时放空。做当日回档下跌价差。

资料来源：富邦e01电子交易系统

投资笔记

第3章

步骤3 止损

股市是高风险的投资市场，散户总是赔大赚小，赔大的原因是无法彻底执行止损，而遭套牢。只要预先设好止损，并严格执行，至少不会造成更大的损失。学会止损赔小钱，保住资金，就有机会再把钱赚回来。

第1节

为什么要止损

即使是股神巴菲特，在上次全球金融风暴中，他的波克夏公司仍亏损了17亿美元。因此，散户投资股市前要有认知，股市是高风险的投资市场，想要成为长期赢家，一定要先学会止损赔钱的功夫。换句话说，执行止损，是股市操作必备的能力。

散户赔大钱的最重要原因就是不肯赔小钱，做多进场后，如果走势下跌，往往都抱着期望，希望股价能够止跌回升。这样的期望不切实际，经常事与愿违，结果最后多被套牢，或者大赔出场。

止损避开大灾难

股市操作不可能百分之百成功，我们看2011年的股王宏达电（2498），即使买在最高点1300元，如果严守1275元的止损纪律，于第2天的大跌收盘1210元止损出场，只损失90元，赔了6.9%。

如果抱牢期望回本再解套，后来一路下跌，最低到2014年的118元，下跌91%，损失可谓惨重。

宏达电日线

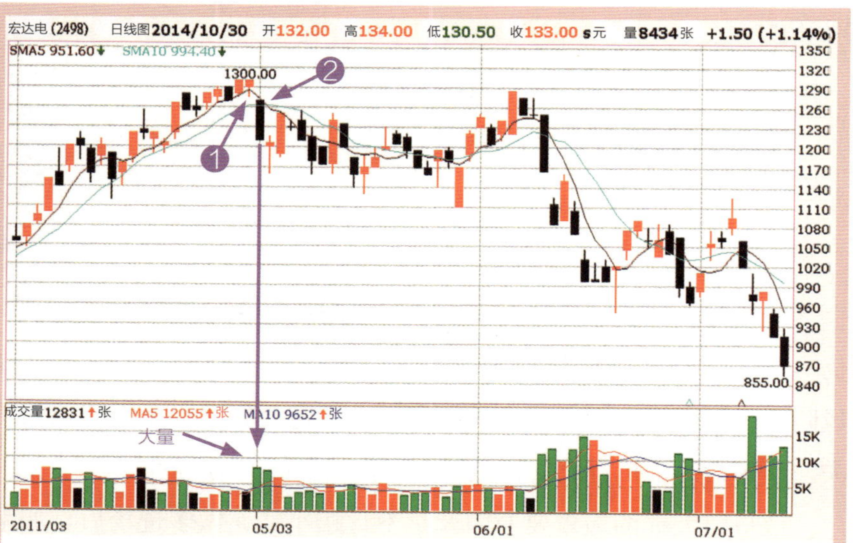

❶ 宏达电（2498）2011/4/29，当天多头持续沿5日均线上涨，收盘在1300元最高点，即使当日追高收盘1300元进场，止损设在当天K线最低点1275元。

❷ 2011/5/3，当天跳空下跌，大量长黑K线，收盘1210元，跌破上涨8天的K线，执行止损卖出。损失90元，赔6.9%。

资料来源：富邦e01电子交易系统

我们再看2014年10月爆发黑心油事件的味全（1201），在2014/7/21当天，多头回档后放量上涨的红K线，收盘突破前3天K线高点，是做多的买进位置。

如果收盘48.95元买进，止损设在当天K线最低点48.10元，次日跌破马上止损出场。日后已走成空头趋势，自然不可能去做多这只股票。

现在回头去看，如果当初没有止损，事件发生后一直跌到21.95元才止跌反弹，损失将会相当惨重。

味全日线

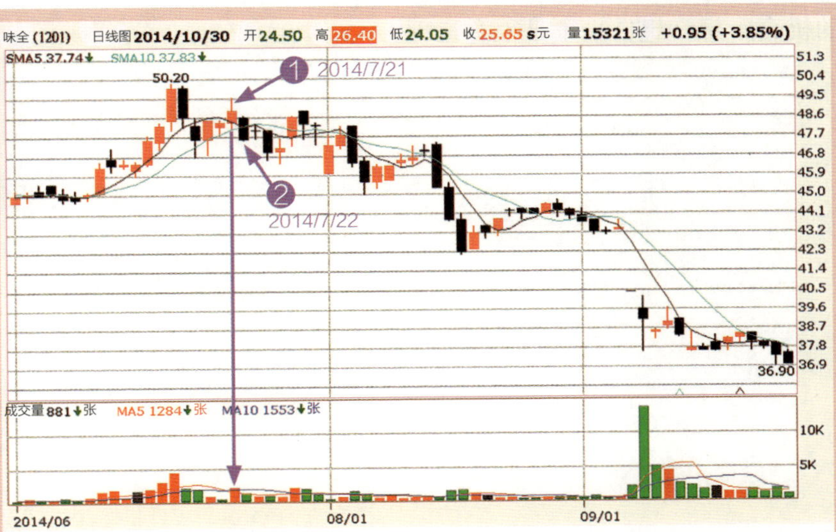

❶ 味全（1201）2014/7/21，当天多头回档再上涨，收盘48.95元进场，止损设在当天K线最低点48.10元。

❷ 2014/7/22，当天收盘47.6元，止损卖出，损失2.7%。

资料来源：富邦e01电子交易系统

该赔就赔 赔就是赚

如果严格执行止损，正常情形下，损失大约为7%，能将风险控制在这个范围，我们可保有93%的本金，等待好机会，选择强势的好股票（不一定是原来赔钱的那档），只要能获利7.5%以上，就可以反败为胜。

反之，如果不止损，像宏达电、味全那样造成巨大损失，之后就很难回本了。因此我说“该赔就赔、赔就是赚”——止损是该赔的，止损后避开的大跌，就是赚。止损后保留资金，才有反败为胜的机会，想一想，是不是很有道理？

第2节

设定止损的认知

学习在买进股票后设定止损的方法之前，投资人要先有下面几项认知：

认知1

买进一档股票之后，立刻想好认赔出场的价位，即设定“止损点”。股票千变万化，而且变化快速，如果买进当天没有设止损，很可能第二天就会出现反转，这样就会影响到你执行止损的决心。

认知2

设定好止损价位后不得更改，否则等于没有设止损。散户经常设了止损，可是跌破止损时，总是找理由不执行，或者更改止损价位，例如设跌破5日均线要止损，可是跌破后，舍不得赔钱卖，心想等真的跌破10日均线再出场好了。这种心态往往会造成跌破10日均线时，因为已赔更多，而更舍不得赔钱卖，因此就被套牢。

认知3

严格要求自己，当天收盘价如果做多跌破（或放空突破）止损价位，要立即出场，必须绝对遵守，有壮士断腕的决心及执行力。

认知4

为了减少止损次数，以顺势交易为主要操作方向，也就是多头时做多，不做空；空头时做空，不做多。遵循本书“步骤1：选股”的条件及“步骤2：进场”的位置，更能提高胜率，减少止损概率。

认知5

在下面的情形下，即使没有到达止损，也要出场，否则容易多赔或产生重大赔损：顺势操作时，无论做多或做空，如进场没多久就发生趋势改变，要立刻出场，否则等到止损时会赔的比较多（见p.207“阳程日线”图）。逆势交易时，只要走势不对，就必须立刻出场，不可拘泥在止损价位，否则套牢无法解套，会损失惨重，切记！切记！（见p.208“力旺日线”图）

认知6

止损最多10%，一档股票，如果进场前，充分研判，符合进场条件进场才买进，结果走势却发生背道而驰，基本上已经不能去奢望它会大涨，所以要止损出场，同时不能超过10%的止损，否则损失过大，日后难以反败为胜。更不可向下摊平，造成越摊损失越大，导致不可收拾的后果。

阳程日线：趋势改变

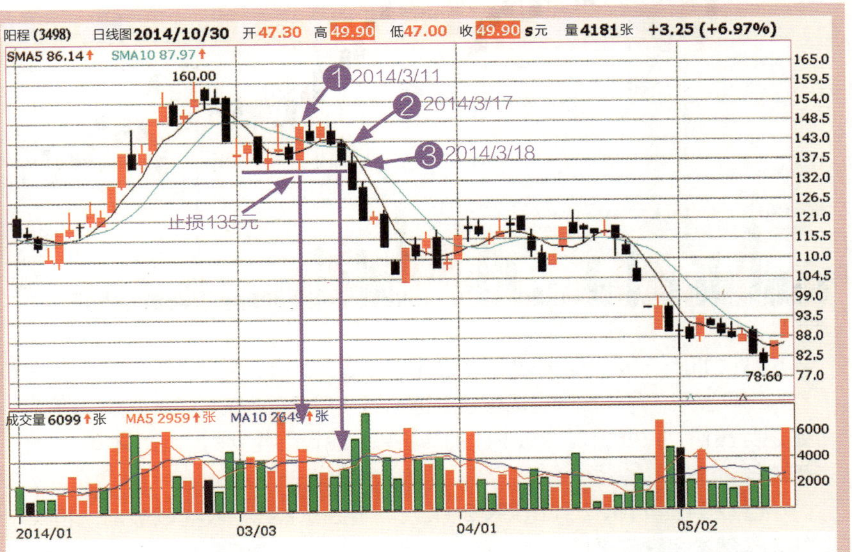

❶ 阳程（3498）2014/3/11，当天多头回档，大量长红K线再上涨，是多头进场位置，进场后止损设在当天K线最低点135元。

❷ 2014/3/17，当天放量下跌黑K线，收盘跌破前3日K线，跌破5日及10日均线，出现M头（头头低）的转折，多头趋势改变，当天收盘138元，虽然没有跌破135元的止损价，但要提早出场。

❸ 次日2014/3/18，跌破止损时收盘130元，只是多赔。

资料来源：富邦e01电子交易系统

力旺日线：逆势操作

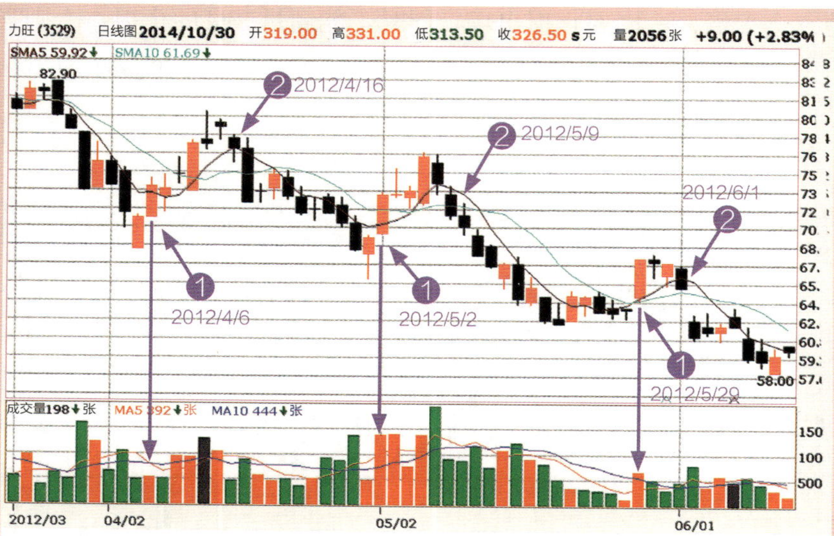

❶ 力旺（3529）2012/4/6、2012/5/2、2012/5/29空头反弹，大量长红K线再上涨，是抢反弹进场位置，进场后止损设在当天K线最低点。但这是逆势操作，只要出现不涨下跌的转折黑K线，就要立刻出场，不可等跌破止损。

❷ 2012/4/16、2012/5/9、2012/6/1下跌黑K线，收盘跌破前一日K线，虽然没有跌破进场的止损价，要提早出场。因为还是空头趋势，股价会一直破新低价。

资料来源：富邦e01电子交易系统

第3节

设定止损4方法

设定止损有4种方法：进场K线高低点、趋势转折高低点、均线止损法、固定止损比例法，以下将搭配范例详细说明。

方法1：进场K线高低点

以进场K线高低点设定止损，可分为进场做多止损和进场做空止损。

进场做多止损：守进场红K线的最低点（含下影线）

1. 进场红K线若小于2.5%，止损可以由红K线的最低点再向下放宽2码，否则止损太小，容易被主力洗盘而卖出。例如止损红K线的最低点是62元，向下放宽2码是61.8元。红K线的最低点是105元，向下放宽2码是104元。

2. 进场位置在走势波段高档，出现放大量的长红K线（涨幅大于4.5%），止损可以改在长红K线的二分之一位置[长红K线的(最高

股价每码跳动值	
股价范围	每1码跳动值
1 ~ 10元	0.01元
11 ~ 50元	0.05元
51 ~ 100元	0.1元
101 ~ 500元	0.5元
501 ~ 1000元	1.0元
1001元以上	5.0元

点-最低点）÷ 2]。高档大量长红K线，主力容易出货，风险比较高，所以止损要严，同时，大量长红K线的二分之一位置被跌破，表示多头转弱，空方力道转强。

3. 进场位置在走势波段高档的盘整，出现放大量的长红K线（涨幅大于4.5%）突破，止损也要改在长红K线的二分之一位置。高档大量长红K线突破盘整，要预防假突破的情形。

大立光日线：多头进场止损

❶ 大立光（3008）2014/2/21，当天大量长红K线，突破盘整，是多头买进位置，收盘1245元买进，止损设在红K线最低点1210元。次两日下跌，没有跌破进场的止损价，持续抱单守止损。

❷ 2014/3/26，当天大量长红K线，是多头回档后再上涨的买进位置，收盘1420元买进，止损设在红K线最低点1375元。

❸ 2014/4/22，当天大量长红K线，是多头回档后再上涨的买进位置，收盘1715元买进，止损设在红K线最低点1620元。

资料来源：富邦e01电子交易系统

宏达电日线：多头进场止损

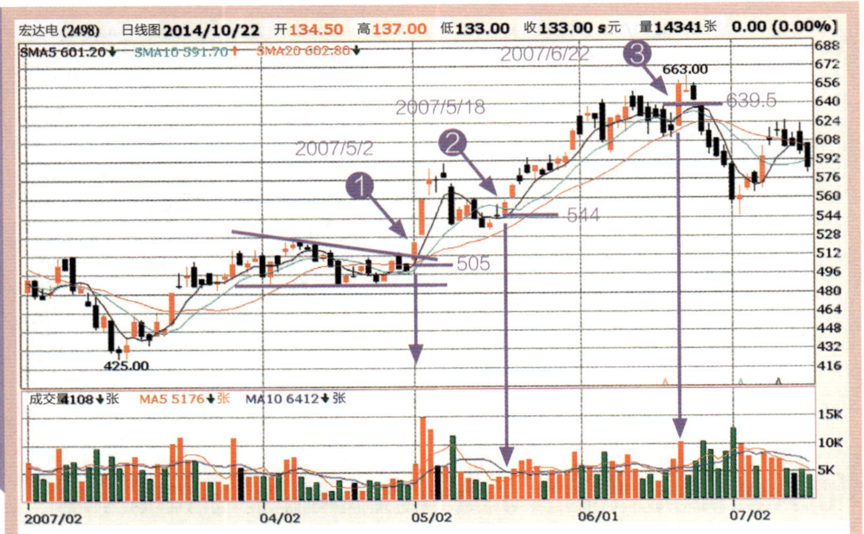

❶ 宏达电（2498）2007/5/2，当天大量长红K线，突破盘整，是多头买进位置，收盘523元买进，止损设在红K线最低点505元。

❷ 2007/5/18，当天大量红K线，是多头回档后再上涨的买进位置，收盘556元买进，止损设在红K线最低点544元。

❸ 2007/6/22，当天大量长红K线，是多头回档后再上涨的买进位置，收盘656元买进，由于进场位置在高档，同时当天出现近日来的最大量，止损设在长红K线的二分之一位置639.5元，这个位置被跌破，表示多空力道改变。

资料来源：富邦e01电子交易系统

事欣科日线：多头进场止损

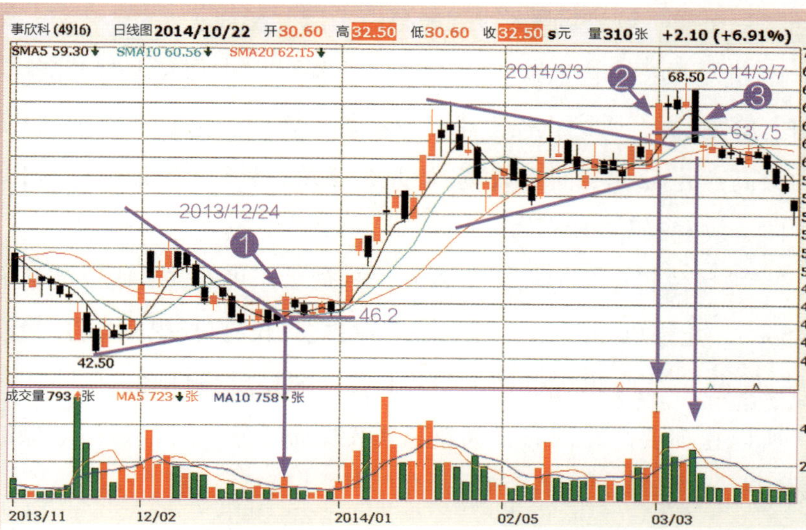

❶ 事欣科（4916）2013/12/24，当天大量长红K线，突破盘整，是多头买进位置，收盘48.1元买进，止损设在红K线最低点46.2元。后续6天都没有跌破止损，持股续抱。

❷ 2014/3/3，当天大量长红K线，突破盘整，是多头买进位置，收盘66.5元买进，由于进场位置在高档，同时当天出现近日来的最大量，止损设在长红K线的二分之一位置63.75元，这个位置被跌破，表示多空力道改变。

❸ 2014/3/7，当天大量长黑K线，跌破止损价，多单出场，避开了后来反转成空头的下跌风险。

资料来源：富邦e01电子交易系统

进场做空止损：守进场黑K线的最高点（含上影线）

1. 进场黑K线若下跌小于2.5%，止损可以由黑K线的最高点，再向上放宽2码，否则止损太小，容易被反弹而出场。例如止损黑K线的最高点是62元，向上放宽2码是62.2元。黑K线的最高点是105元，向上放宽2码是106元。

2. 进场位置在走势波段低档，出现放大量的长黑K线（跌幅大于4.5%），止损可以改在长黑K线的二分之一位置[长黑K线的（最高点－最低点）÷2]。出现低档大量黑K线，容易反弹打底，风险比较高，所以止损要严，同时，大量长黑K线的二分之一位置被上涨红K线突破，表示多方力道转强。

3. 进场位置在走势波段低档的盘整跌破，出现放大量的长黑K线（跌幅大于4.5%），止损也改在长黑K线的二分之一位置。低档大量长黑K线跌破盘整，要预防假跌破的情形。

冠德日线：空头进场止损

❶ 冠德（2520）2011/1/7，当天大量长黑K线，跌破前面低点，空头“头头低、底底低”确认，当天是空头放空位置，收盘31.25元放空，止损设在黑K线最高点32.8元。

❷ 2011/1/24，当天黑K线，跌破反弹时前一日K线最低点，是空头放空位置，收盘28.8元放空，由于当天跌幅只有1%，止损设在当天K线高点太少，这时止损可以往上移到反弹的高点29.5元。

❸ 2011/2/22，当天黑K线，跌破反弹时前一日K线最低点，是空头放空位置，收盘26.7元放空，止损设在黑K线最高点27.3元。

资料来源：富邦e01电子交易系统

亚光日线：空头进场止损

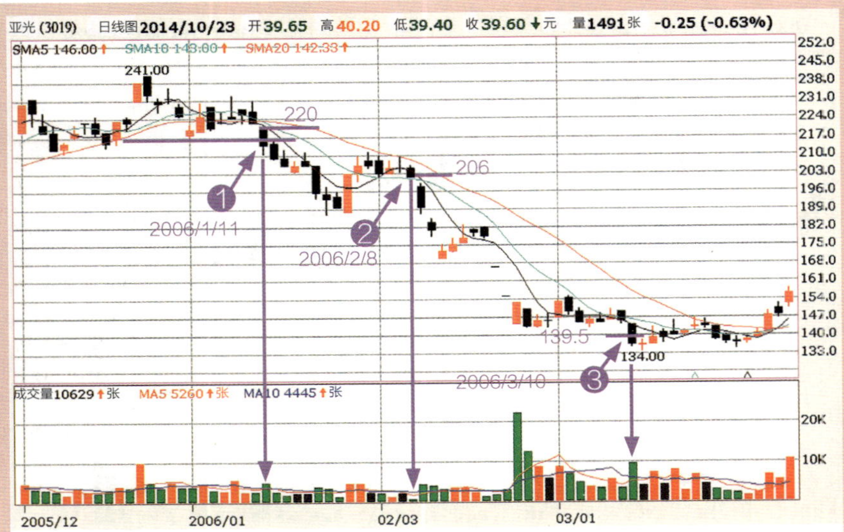

❶ 亚光（3019）2006/1/11，当天大量长黑K线，跌破前面低点，空头“头头低、底底低”确认，当天是空头放空位置，收盘214元放空，止损设在黑K线最高点220元。

❷ 2006/2/8，当天黑K线，跌破反弹时前一日K线最低点，是空头放空位置，收盘201.5元放空，止损设在黑K线最高点206元。

❸ 2006/3/10，当天大量黑K线，跌破盘整K线最低点，是空头放空位置，收盘136.5元放空，由于空头下跌到低档，出现大量长黑K线，止损设在长黑K线二分之一位置139.5元。

资料来源：富邦e01电子交易系统

方法2：趋势转折高低点

当趋势在行进的时候，每次出现转折的高点或低点，都是后续走势的重要压力与支撑，为趋势是否改变的重要依据，因此，趋势出现转折高点或低点，可作为止损的依据。

多头趋势转折低点止损

1. 多头出现转折上涨之后，这个转折低点不可被跌破，如果被跌破，走势就会产生“底底低”的状况，并破坏多头的“头头高、底底高”架构，这样自然不适合再做多，进场的多单要出场，因此可在转折低点设止损。进场红K线收盘价与止损点超过7%，止损设7%即可。

多头转折低点被跌破，产生“底底低”的状况，改变多头“底底高”的架构，此时多单要出场。

2. 进场红K线收盘突破盘整，止损设在突破盘整红K线的最低点（含下影线），跌破止损多单止损，如果继续跌破盘整区下颈线，即为“假突破真下跌”，此时反手做空。

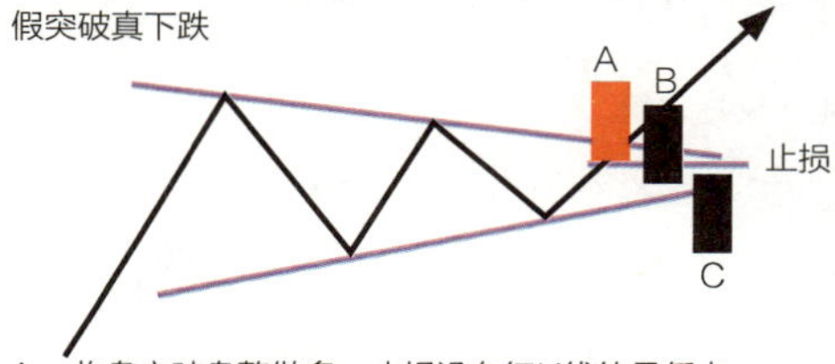

A：收盘突破盘整做多，止损设在红K线的最低点。

B：跌破止损多单止损。

C：跌破盘整区反手做空。

新巨日线：多头进场止损

❶ 新巨（2420）2006/12/8，当天大量长红K线，多头回档后，突破前2日K线高点，是多头进场位置，止损设在转折K线最低点。

❷ 2007/1/5，当天大量长红K线，多头回档后，突破前5日K线高点，是多头进场位置，止损设在转折K线最低点。

❸ 2007/1/17，当天大量长红K线，多头回档后，突破前3日K线高点，是多头进场位置，止损设在转折K线最低点。

❹ 2007/1/29，当天大量长红K线，多头回档后，突破前1日K线高点，是多头进场位置，止损设在转折K线最低点。

资料来源：富邦e01电子交易系统

国乔日线：盘整进场止损

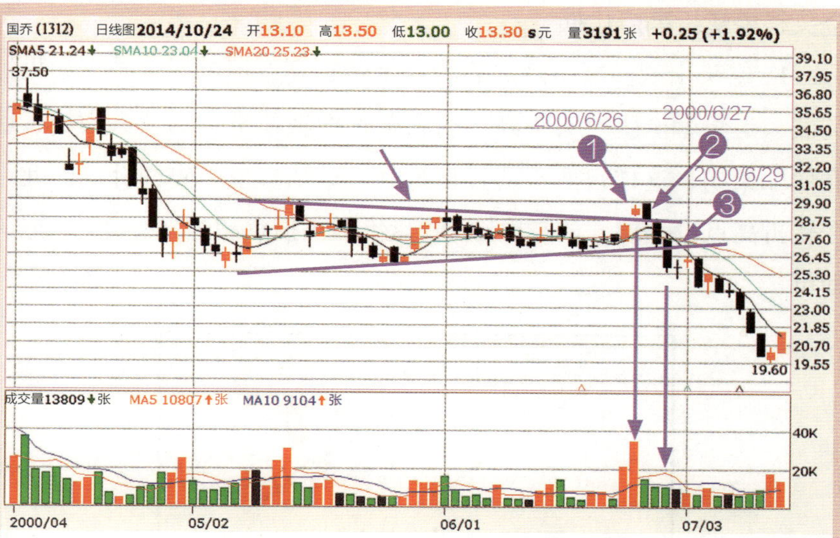

❶ 国乔（1312）2000/6/26，当天大量向上跳空红K线，突破盘整上颈线，是多头进场位置，止损设在进场红K线最低点。

❷ 2000/6/27，当天长黑K线，跌破止损，多单止损出场。

❸ 2000/6/29，当天量缩长黑K线，跌破盘整下颈线，是做空位置，空头放空，出现“假突破真下跌”。

资料来源：富邦e01电子交易系统

空头趋势转折高点止损

1. 空头出现转折下跌之后，这个转折高点不可被突破，如果被突破，走势就产生“头头高”的状况，而破坏空头的“头头低、底底低”架构，这样自然不适合再做空，进场的空单要回补，因此可在转折高点设止损。放空黑K线收盘价与止损点超过7%，止损设7%即可。

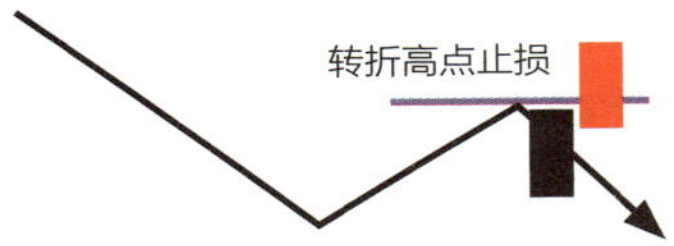

空头转折高点被突破，产生“头头高”的状况，改变空头的“头头低”架构，此时空单要回补。

2. 进场黑K线收盘跌破盘整，止损设在跌破盘整黑K线的最高点（含上影线），突破止损空单回补，如果继续突破盘整区上颈线，即为“假跌破真上涨”，此时反手做多。

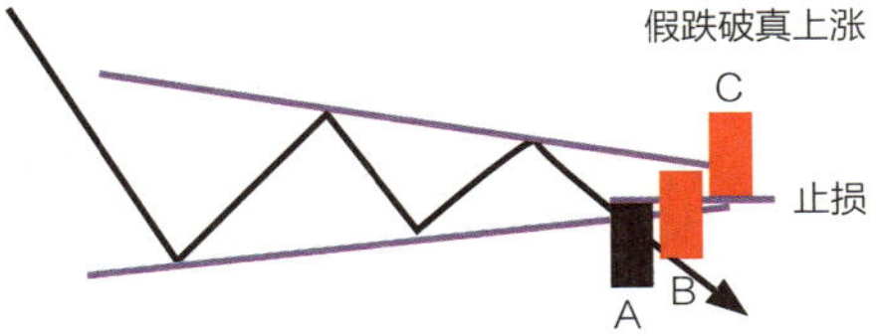

A：收盘跌破盘整做空，止损设在黑K线的最高点。
B：突破止损空单回补。
C：突破盘整区反手做多。

国乔日线：空头进场止损

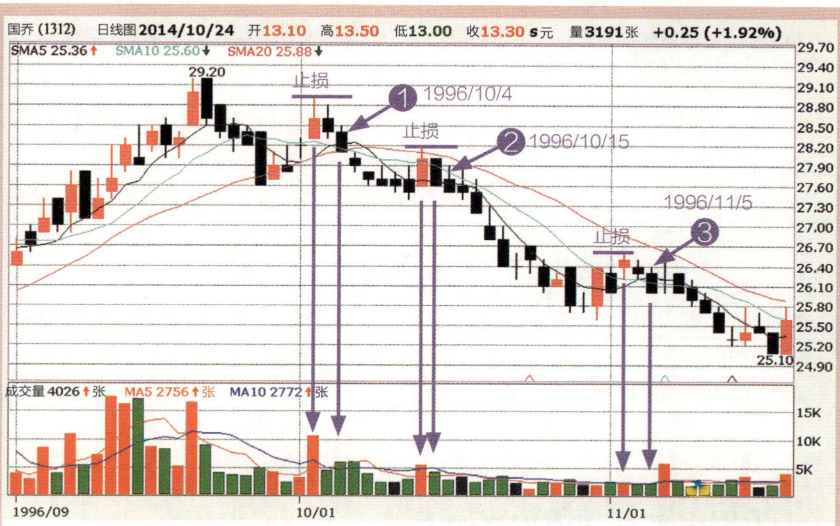

❶ 国乔（1312）1996/10/4，当天下跌反弹后，大量长黑K线，跌破前两日K线低点，是空头放空位置，止损设在转折K线最高点。

❷ 1996/10/15，当天下跌反弹后，大量长黑K线，跌破前两日K线低点，是空头放空位置，止损设在转折K线最高点。

❸ 1996/11/5，当天下跌反弹后，大量长黑K线，跌破前两日线低点，是空头放空位置，止损设在转折K线最高点。

资料来源：富邦e01电子交易系统

日胜生日线：盘整跌破止损

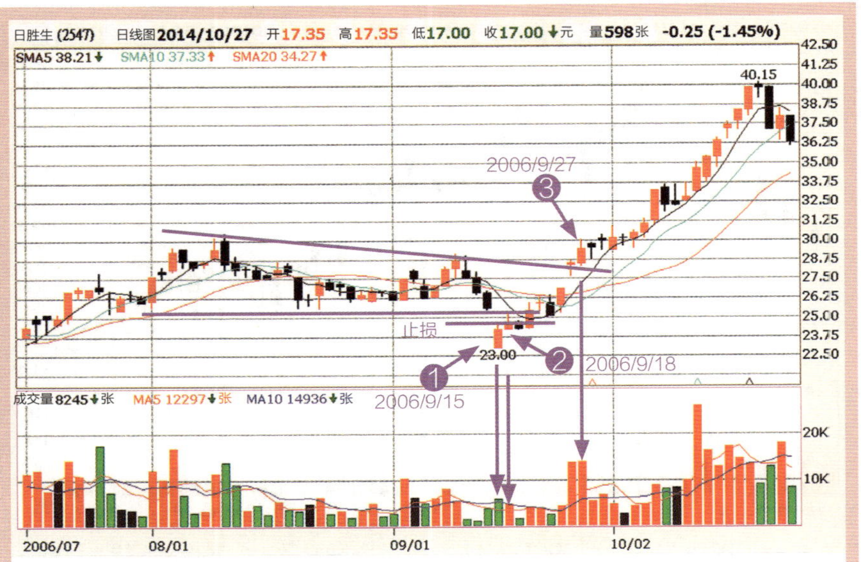

❶ 日胜生（2547）2006/9/15，当天大量向下跳空红K线，跌破盘整下颈线，是空头放空位置，止损设在进场K线最高点。

❷ 2006/9/18，当天红K线，收盘突破止损，空单止损出场。

❸ 2006/9/27，当天大量长红K线，收盘突破盘整上颈线，是做多位置，进场多单，出现“假跌破真上涨”。

资料来源：富邦e01电子交易系统

方法3：均线止损法

利用均线当进出依据时，进场之后也以均线设定止损。

多头趋势做多用均线止损

例如以10日均线操作：多头趋势不变，回档止跌回升没有跌破前面低点，上涨大量中长红K线收盘突破10日均线，均线上扬时多单买进，止损守进场当日的10日均线。

宏大日线：多头均线止损

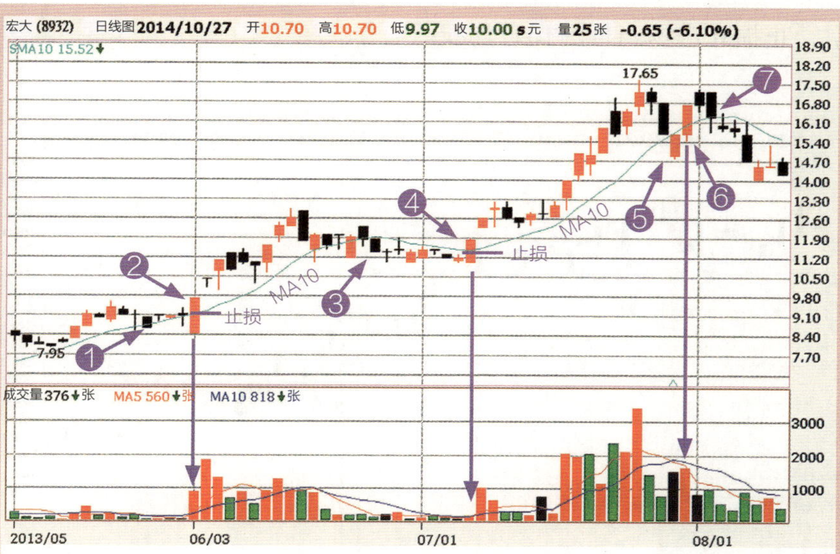

❶ 宏大（8932），多头回档黑K线，收盘跌破MA10，当天多单出场。

❷ 多头大量长红K线，收盘站上MA10，当天做多进场，止损严守MA10均线。线的二分之一位置63.75元，这个位置被跌破，表示多空力道改变。

❸ 多头回档黑K线，收盘跌破MA10，当天多单出场。

❹ 多头长红K线，收盘站上MA10，当天做多进场。止损守MA10均线。

❺ 多头回档红K线，收盘跌破MA10，当天多单出场。

❻ 多头大量长红K线，收盘站上MA10，当天做多进场，止损严守MA10均线。

❼ 多头回档长黑K线，收盘跌破MA10及前一日K线低点，出现“头头低”，多头趋势改变，当天多单出场。

资料来源：富邦e01电子交易系统

空头趋势做空用均线止损

例如以10日均线操作：空头趋势不变，反弹结束没有突破前面高点，再下跌的中长黑K线收盘跌破10日均线，均线下弯时进场放空，止损守进场当日的10日均线。

台橡日线：空头均线止损

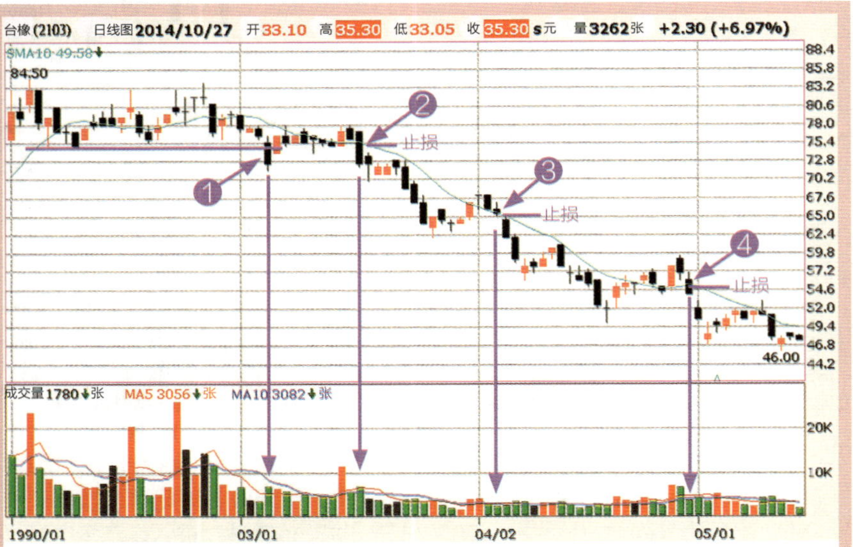

❶ 台橡（2103），大量长黑K线，收盘跌破盘整头部，空头趋势确认。

❷ 空头反弹后大量长黑K线，收盘跌破MA10，当天做空进场，止损守MA10均线。

❸ 空头反弹后下跌黑K线，收盘跌破MA10，当天做空进场，止损守MA10均线。

❹ 空头反弹后下跌黑K线，收盘跌破MA10，当天做空进场，止损守MA10均线。

资料来源：富邦e01电子交易系统

方法4：固定止损比例法

按照多空纪律进场后，依据风险容忍程度，设定固定比例止损，不失为简单的方法。只是如果设太少，容易在次一、二日被洗出场；止损如超过10%，一次的赔损太大，容易因不愿赔，反而不止损，以致被套牢。固定比例止损的原则如下：

原则1

以进场当天收盘价的2%~10%设定止损。

原则2

在底部盘整区突破或第一次回测再上涨的位置，或头部跌破及第一次反弹再下跌的位置，止损设10%，由于股价在相对低档打底初涨时或做头初跌时，主力经常会洗盘消化卖压，或诱多出货，震荡幅度比较大。切记，在守10%止损时，趋势不可改变，趋势如果改变就要出场，否则只是多赔而已。

原则3

在一般多头上涨或空头下跌，固定止损设5%~7%即可。

原则4

在多头高档末升段或空头下跌末跌段时，遇到大量长红K线或大量长黑K线进场时，止损设2%~3.5%。

原则5

逆势抢反弹做多或逆势抢回档做空，止损设2%。

第4节

绝对止损的时机

当走势明显出现与操作相反的方向时，无论如何都要出场的位置，称为绝对止损点。遇到以下的情况，务必绝对止损。

情况1

做多进场，走势变成空头确认的位置，要“绝对止损”卖出多单，结束做多。

情况2

做空进场，走势变成多头确认的位置，要“绝对止损”回补空单，结束做空。

情况3

盘整向上突破做多，走势变成盘整跌破，要“绝对止损”卖出多单，结束做多。

台苯日线：做多绝对止损

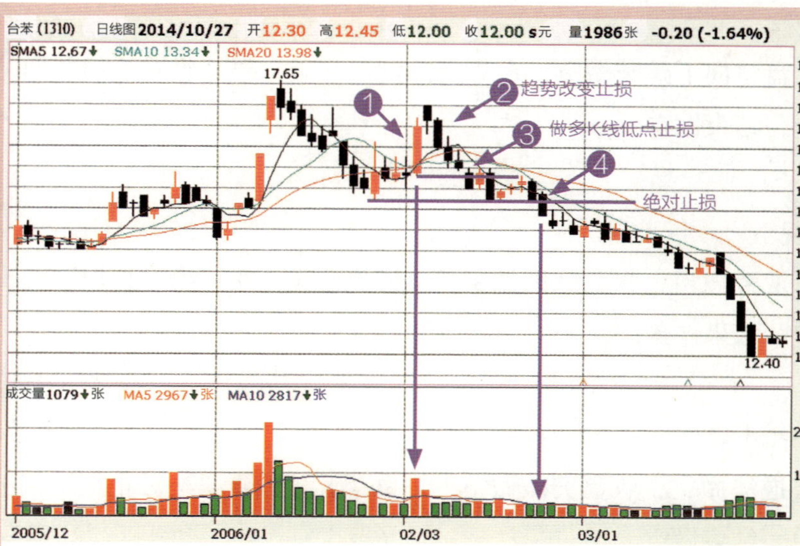

❶ 台苯（1310），多头回档，大量长红K线，收盘突破7天K线，是多头进场位置，止损设在进场长红K线最低点。

❷ 下跌长黑K线，收盘跌破前一日K线低点，出现“头头低”，多头趋势改变，多单第一个出场位置。

❸ 下跌长黑K线，收盘跌破进场长红K线低点止损点，多单第二个止损出场位置。

❹ 下跌长黑K线，收盘跌破前面转折低点，空头趋势确认，此位置为多单“绝对止损点”，多单一定要出场，否则趋势已经走空，再下跌会被套牢，而造成大赔。

资料来源：富邦e01电子交易系统

情况4

盘整向下跌破做空，走势变成盘整突破，要“绝对止损”回补空单，结束做空。

情况5

逆势做多，收盘跌破做多的上涨红K线，要“绝对止损”卖出多单，结束做多。

情况6

逆势做空，收盘突破做空的下跌黑K线，要“绝对止损”回补空单，结束做空。

健策日线：做空绝对止损

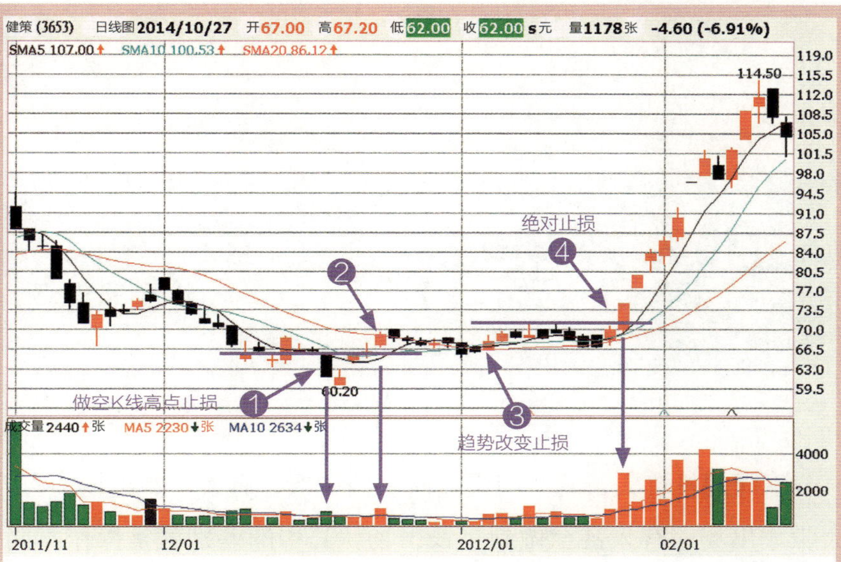

❶ 健策（3653），空头大量长黑K线下跌，收盘突破6天K线横盘，是做空位置，止损设在进场长黑红K线最高点。

❷ 跳空大量红K线，收盘突破进场长黑K线的高点止损点，空单止损回补位置。

❸ 红K线，收盘突破前一天K线点，空头趋势改变，此位置为空单趋势改变回补位置。

❹ 大量长红K线，突破底部盘整高点，多头趋势确认，此处为“绝对止损点”，空单一定要出场，否则趋势已经走多，再上涨空单被套牢，就会造成轧空大赔。

资料来源：富邦e01电子交易系统

第4章

步骤4 操作

不同的投资人，同时间买进同一档股票，有人小赚出场，有人大赚才出场，有人甚至做到赔钱出场，其中的差别就是操作不同。操作有两个层面：技术面和心理面，技术面讲方法，心理面讲纪律，两者兼顾，才能操作好股票。

第1节

做长线 vs 做短线

再好的股票，不会操作，一样赚不到钱。操作方法大致可区分为做长线及做短线两种，至于做长线好，还是做短线好，那就因人而异了，因为每个人有不同的资金、不同的工作环境、不同的个性，采取适合自己的做法，就是好方法。

操作的基本条件

选股、进场之后，就要开始操作，操作的目的是赚钱。达到下列基本条件后，开始考虑止盈出场：

1. 规划资金分配、购买张数，依据进场条件及位置进场。
2. 进场后设好止损，并严格执行止损。
3. 未达止损及获利未满5%，继续持股操作。
4. 获利超过5%之后，依据个人做长线或做短线战法，止盈出场。
5. 操作短线，获利超过15%，出现K线转折信号反转时，不可贪心，一定要按照纪律止盈出场，获利入袋，避免获利回吐。

长线操作优缺点

长线操作优点

1. 长时间操作一档股票，不需要频繁进出，适合无法看盘的投资人。

2. 波段长线操作，获利率高。

3. 纪律操作，轻松抱股。

长线操作缺点

1. 操作机会比较少，锁股等待时间比较长。

2. 要考虑基本面、产业面、题材面。

3. 整体大环境对股票能否维持长期趋势影响很大，当大盘走波段方向时，个股长波段才容易维持长线走势。

4. 长期持股需要忍耐回档、反弹、盘整的过程，对操盘EQ是考验。

5. 有系统性的风险。

短线操作优缺点

短线操作优点

1. 操作机会比较多。

2. 随个股趋势变化，可以多空灵活操作。

3. 以技术面操作，操作纪律明确，容易遵守。

4. 操作效率高，小资金可以快速累积财富。

5. 风险比较小。

短线操作缺点

1. 频繁进出，交易成本增加。

2. 需要看盘，做当冲更要盯盘。

3. 短线操作，每趟进出的获利空间不大。

4. 要精熟技术分析，严守止损止盈，纪律操作。

股市赚赔钱公式

无论做长线还是短线，都没有百分之百的成功率，操作好坏，能否赚到钱，是以下公式中的因素所造成的结果：

赚赔＝胜率×获利率－败率×止损率

这4“率”的组合，决定了投资人在股市是赢家还是输家，以下说明这4“率”与赚赔的关系：

1. 胜率： 操作成功的比例。例如操作10次，其中有6次赚钱，4次赔钱卖出，胜率为六成。

2. 获利率： 操作成功而赚钱的比例。例如买进一张100元的股票，卖出结算后赚10元，获利率为10%。

3. 败率： 操作失败的比例。例如操作10次，其中有6次赚钱，

4次赔钱卖出，那么败率为四成。

4. 止损率： 操作失败赔钱的比例。例如买进一张100元的股票，卖出结算后赔6元，止损率为6%。

做长线成功关键：高获利率

操作多头长线，要在底部多头趋势确认时开始，因此机会比较少，即使底部多头趋势确认，也没有办法保证一定会走出大波段，所以，由上面公式来看，长线波段操作赚大钱的关键在高获利率。

例如选了10档股票，都是在底部多头趋势确认开始操作，后来只有3档维持长波段趋势发展，获利率平均到50%，另外7档，有的只走一个短波段就结束，有的止损出场，平均止损率为5%，10档中有3档成功，胜率为30%，败率为70%，套入公式的结果为：赚赔= 3 × 50%−7 × 5% =150%−35% =115%。长波段的操作可能长达3个月到1年，但高达115%的获利，十分惊人。

做短线成功关键：胜率和操作频率

操作多头短线，在多头趋势的起涨转折位置都可以做，因此机会比较多，但同样无法保证一定成功。由于短线的获利有限，由上面公式来看，短线操作赚大钱的关键在高胜率及多次操作。

例如选了10档股票，都是多头行进中，在起涨确认买进，后来有6档成功上涨，获利率平均只有10%，另外4档失败下跌，止损5%出场。10档中有6档成功，胜率为60%，败率为40%，套入公式

富晶通周线：长波段操作

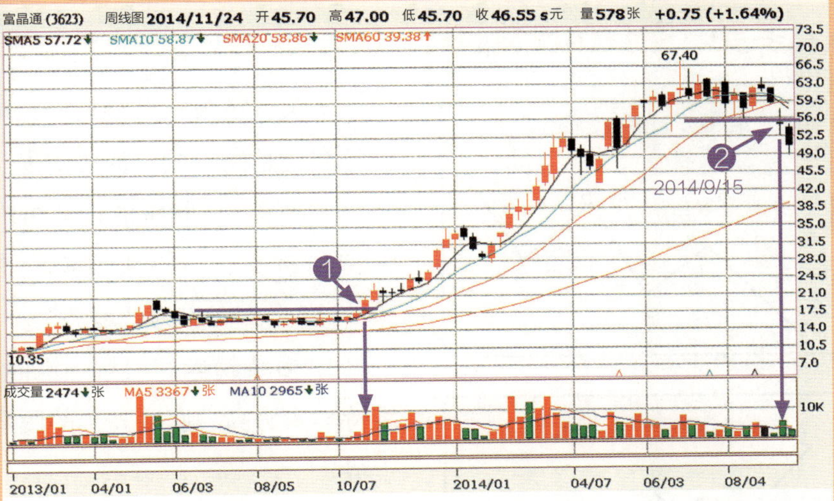

❶ 富晶通（3623）2013/10/28，本周大量长红K线上涨，突破回档5个月的横盘盘整，均线为4线多头排列向上，长线多头上涨确认，周线收盘20.1元买进，用大波段长线操作。

❷ 2014/9/15，本周大量向下跳空十字线，收盘跌破头部盘整11周的最低点，空头趋势确认，收盘54.8元，长线多单卖出。

操作成果

这是一档大波段操作的成功案例，抱股操作将近11个月，获利达34.7元，获利率高达172.6%。

资料来源：富邦e01电子交易系统

结果：赚赔= 6 × 10%−4 × 5% = 60%−20% = 40%。

短线操作的次数同样是10次，获利却不如长线，可是短线机会多，在一年中，长线操作10次，短线可以操作30次，这样一来，获利也可以达到120%，同样十分惊人。

多头、空头和盘整趋势

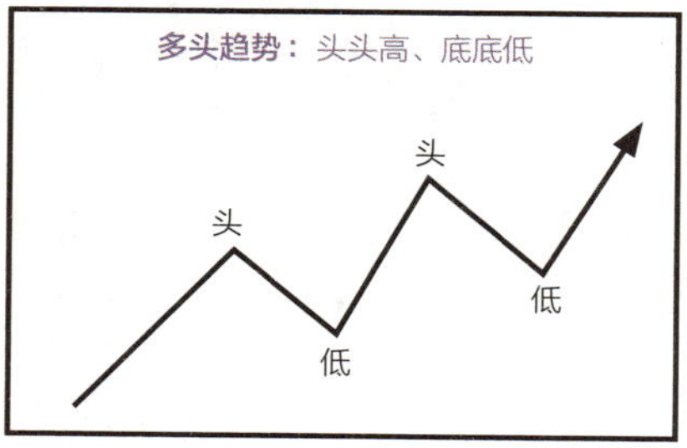

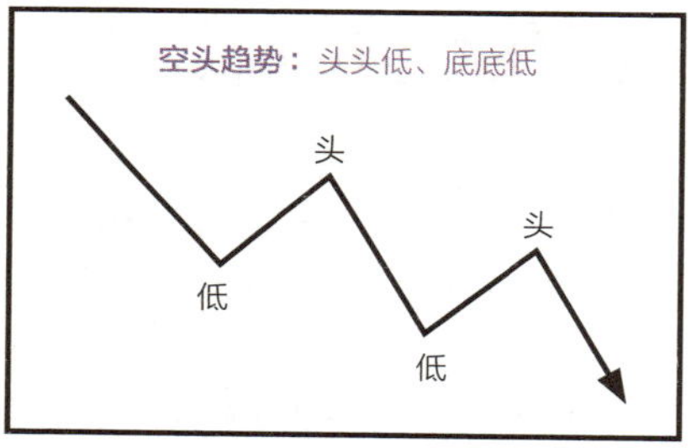

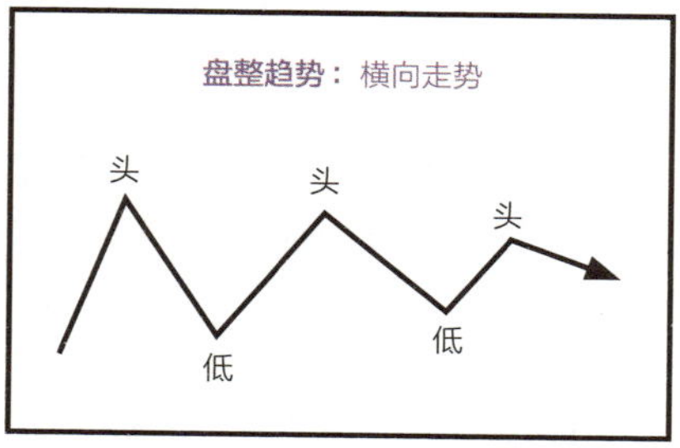

多头、空头和盘整趋势无论做长线还是做短线，都要知道什么是“趋势”。股价的走势方向维持走多头、走空头或横向盘整，这3个方向称为“趋势”。

1. 多头趋势：股票上涨时，维持“头头高、底底高”的图形走势。

2. 空头趋势：股票下跌时，维持“头头低、底底低”的图形走势。

3. 盘整趋势：股票行进时，既非多头的图形，也非空头的图形走势。

趋势的详细说明，参见《抓住飙股轻松赚》第1篇。

多头、空头和盘整转折

除了趋势之外，无论做长线还是做短线，也要了解什么是“转折”。股价在走趋势的时候，涨涨跌跌，每次的上涨转向下跌，或者下跌转向上涨，称为“转折”点。

1. **多头转折：**股票上涨一波到高点，转向回档的下跌；股票回档结束后转向的上涨。

2. **空头转折：**股票下跌一波到低点，转向反弹的上涨；股票反弹结束后转向的下跌。

3. **盘整转折：**股票在盘整区的上颈线转向下跌及下颈线转向上涨。

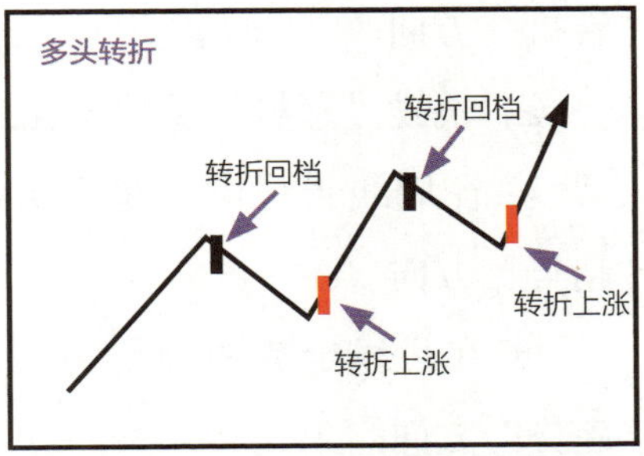

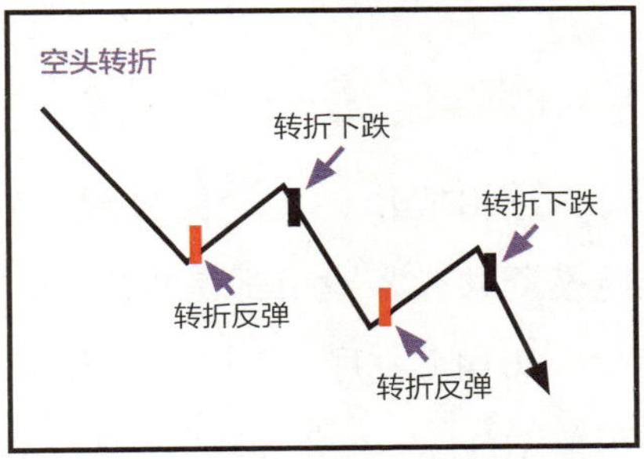

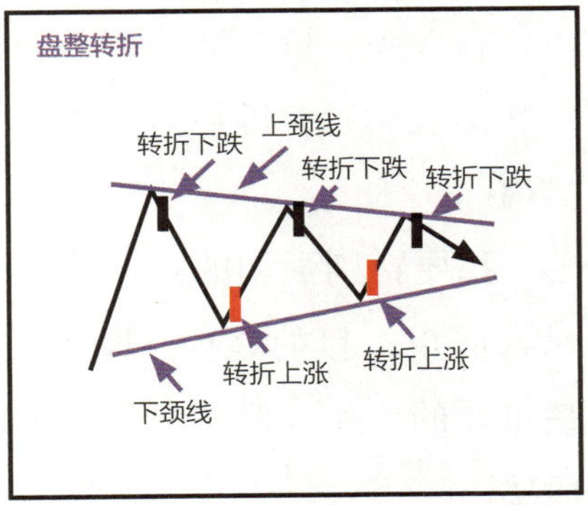

转折的关键在K线的变化，K线的转折应用，参见《抓住K线，获利无限》第3~4篇。

何谓“长线保护短线”

在股票市场，我们常听人说“长线保护短线”，指的是：

1. 长线“趋势”保护短线的“转折”

- 在日线走势图中是多头趋势，可以保护做日线短线多头的“转折”方向。
- 在周线走势图中是多头趋势，可以保护做周线短线多头的

“转折”方向。

2. 长线“趋势”保护短线的“趋势”

- 在周线走势图中是多头趋势，可以保护做日线短线多头的“趋势”方向。
- 在月线走势图中是多头趋势，可以保护做周线短线多头的“趋势”方向。

操作的终极目标是“赚钱”

进出股市，无论做长线或短线，终极目标都是要“赚钱”。任何投资人投入股市都是想赚钱。

2014年9月1日起，台股由9532点一路跌到10月17日8501点，下跌1031点，公营行库配合政府护盘买进。当行情打底回升之后，在多头放量上涨的10月31日，看到当初配合政府进场的公营行库出现卖超，即使是下跌护短的救市资金，也会设法在赚钱时卖出。

我要特别强调的是，散户要有一个观念，把自己辛苦存的钱投入股市，目的是要“赚钱”，不是“赔钱”，保住资金才是你最重要的工作，股票只是用来赚钱的操作商品，不要眷念赔钱的股票。

聪明的投资人绝对不是死多头或死空头，当行情不好，股票走势不好，逆势操作都很难赚钱，这时应该休息观望，等待行情转好，股票走势变好，再顺势操作，这时就是很好赚钱的时候，才应该积极投入。

掌握股市脉动，根据行情好坏做多或做空，并采用做长线或短线的操作策略，才能够成为股市的长期赢家。

第2节

长线趋势操作法

小叮咛：任何操作方法都要依据“步骤2：进场”的纪律进场，之后再根据自己的策略，采取不同的方法。

操作方法大致可区分为做长线及做短线两种，至于长线多长，短线多短，则没有一定的标准，做几天就出场或是做当冲，都可叫作短线，守月线或守季线，都可叫作长线。

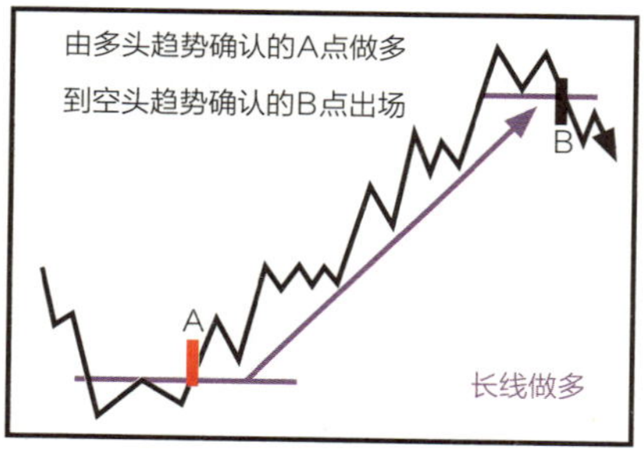

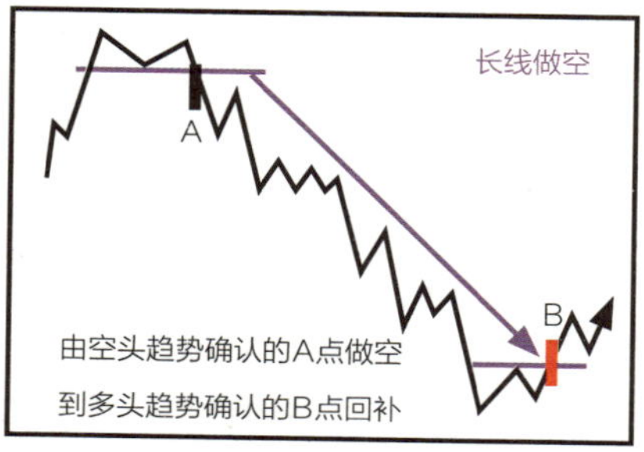

操作长线是用“趋势”的概念，只做多头趋势的上涨及空头趋势的下跌，不做逆势。趋势没改变之前，持股续抱，一直到趋势改变才出场。

1. 长线做多：从多头趋势的确认开始，一直做到空头趋势的确认。

2. 长线做空：从空头趋势的确认开始，一直做到多头趋势的确认。

长趋势和短趋势

趋势本身可以分为长趋势和短趋势：

1. 看“盘中分时图”的走势图做“趋势操作”，是依据当天盘中的趋势变化操作。

2. 看“日线图”的走势图做“趋势操作”，是依据每天的趋势变化操作。

3. 看“周线图”的走势图做“趋势操作”，是依据每周的趋势变化操作（p.235的“富晶通周线”图就是周线图的趋势长线操作）。

4. 看“月线图”的走势图做“趋势操作”，是依据每月的趋势变化操作。

因此，用时间越长的趋势图做趋势操作，操作的时程也就会越久。

长线日线趋势操作

用“日线图”的走势图做“趋势操作”时，当日线符合多头趋势确认时进场，当日线趋势变成空头时出场。“周线图”的走势图当时可能只是空头的反弹，所以，只能在日线上做趋势操作。

玉晶光日线：趋势操作做多

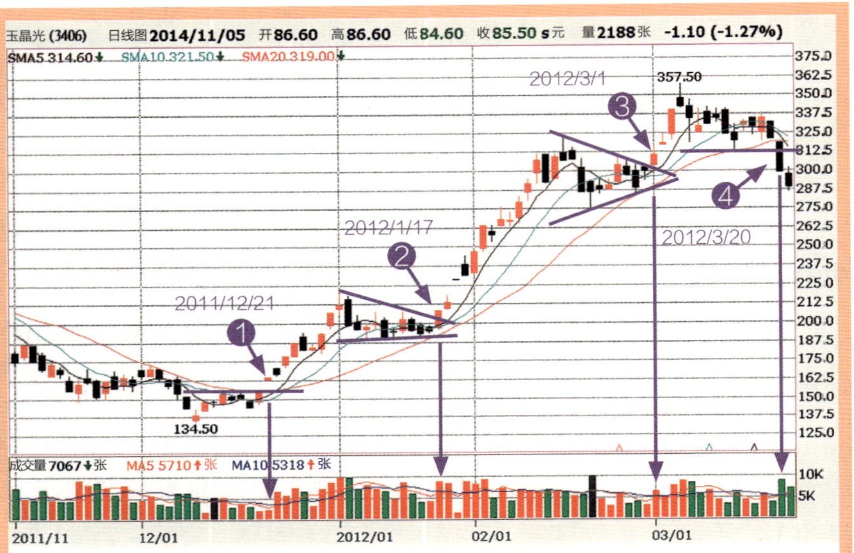

❶ 玉晶光（3406）2011/12/21，多头确认，股价在月线之上（收盘头头高、底底高，多头架构完成）。在日线“趋势操作”长线，收盘164.5元，多单买进。

❷ 2012/1/17，多头上涨一段后（初升段），大量长红K线突破盘整，多头趋势没有改变，长线多单仍然续抱。

❸ 2012/3/1，多头再上涨一段后（主升段），大量长红K线突破盘整，多头趋势没有改变，长线多单仍然续抱。

❹ 2012/3/20，多头再上涨一段后（末升段），大量长黑K线下跌，跌破前面低点，空头确认，股价在月线之下（收盘头头低、底底低，空头架构完成）。在日线“趋势操作”长线趋势改变，收盘299元多单卖出。

操作成果

- 日线“趋势操作”长线，进出1次，时程3个月。
- 获利299元－164.5元＝134.5元，获利率81.7%。
- 下页图是同时期的周线走势图，可以清楚地看出，日线多头趋势确认时，周线只是空头反弹，可是在日线“趋势操作”的长线操作下，可有大波段的获利到81.7%。

资料来源：富邦e01电子交易系统

玉晶光周线

❶ 玉晶光（3406）2011/12/19~23，周K长红上涨，低档内困3红，转折向上，为空头反弹，但是当周的日线已经完成多头趋势。

❷ 2012/3/5~9，周K连续强势反弹到上面两个头部的压力，出现价量背离，周线高档连3黑K线下跌，日线已经转成空头趋势。

资料来源：富邦e01电子交易系统

玉晶光日线：趋势操作做空

❶ 玉晶光（3406）2013/9/11，空头确认（收盘头头低、底底低，空头架构完成），股价跌破月线之下，均线3线空头排列，在日线“趋势操作”，收盘162.5元，空单放空。

❷ 2014/1/17底部盘整，大量长红K线突破底部盘整高点，趋势转为多头确认，在日线“趋势操作”中趋势改变，收盘93.5元，空单回补。

操作成果

- 日线“趋势操作”长线，进出1次，时程4个月。
- 获利162.5元−93.5元=69元，获利率42.5%。
- 下页图是同时期的周线走势图，可以看出，日线空头趋势确认时，周线只是空头反弹后继续下跌，在日线“趋势操作”的长线操作下，是周线长线操作空头趋势中的末跌段。

资料来源：富邦e01电子交易系统

玉晶光周线

❶ 玉晶光（3406）2013/9/9~13，周线空头反弹结束，长黑K线下跌，均线持续3线空头排列，周线空头趋势不变，股价继续下跌。

❷ 2014/1/13~17，周线底部盘整8周，本周放量红K线反弹，但在日线中趋势改变。

资料来源：富邦e01电子交易系统

长线周线趋势操作

用“周线图”的走势图做“趋势操作”时，当周线符合多头趋势确认时进场，当“周线图”的走势图变成空头趋势时就要出场。

创惟周线：趋势操作做多

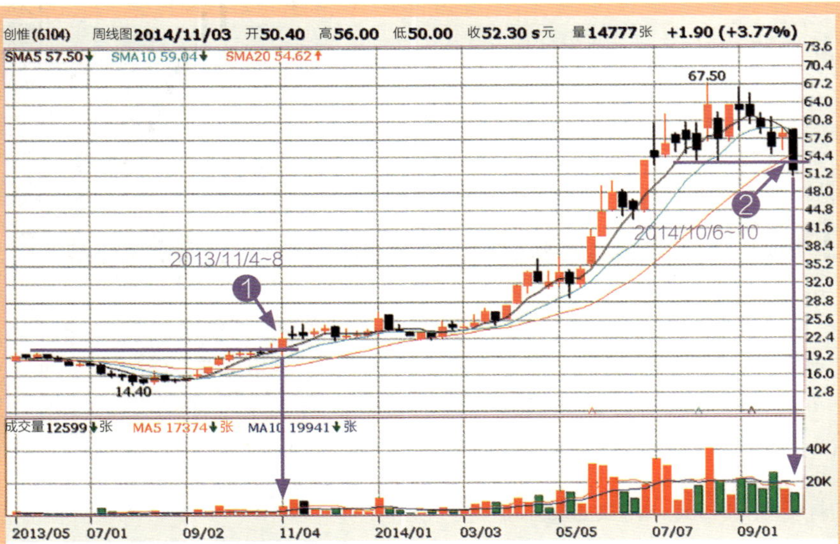

❶ 创惟（6104）2013/11/4~8，周线大量长红K线上涨突破圆弧底高点，均线3线多头排列，周线多头趋势确认，当周收盘22.5元进场，用周线趋势操作。

❷ 2014/10/6~10，周线长黑K线下跌，跌破13周K线低点，出现“头头低、底底低”空头趋势，当周收盘51.8元多单卖出。

操作成果

长线周线“趋势”操作，操作11个月，获利率130%。

资料来源：富邦e01电子交易系统

F-TPK周线：趋势操作做空

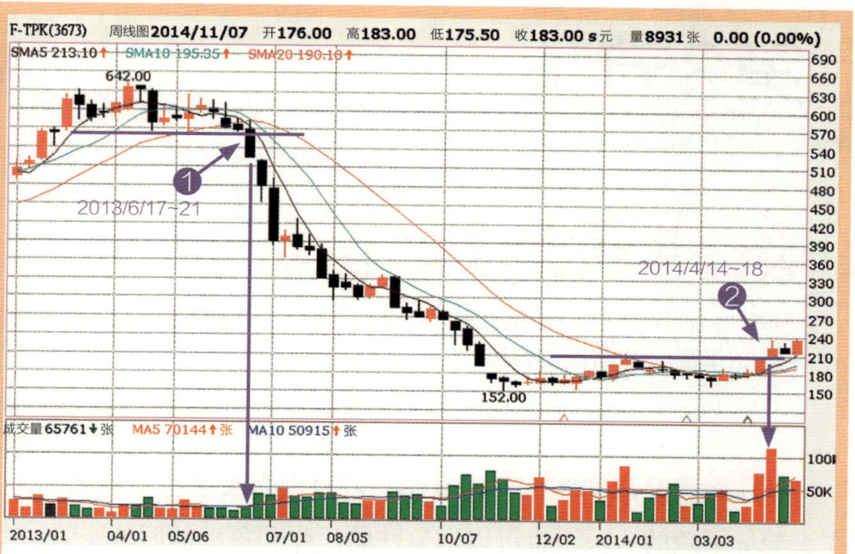

❶ F-TPK（3673）2013/6/17~21，周线大量长黑K线下跌，跌破前面低点，出现“头头低、底底低”，均线3线空头排列，周线空头趋势确认，当周收盘525元进场放空，用周线趋势操作。

❷ 2014/4/14~18，周线大量长红K线上涨，突破前高，底部多头趋势确认，当周收盘222.5元空单回补。

操作成果

• 长线周线“趋势”操作，操作10个月，获利率57.6%。

资料来源：富邦e01电子交易系统

第3节

短线转折操作法

小叮咛：任何操作方法都要依据“步骤2：进场”的纪律进场，之后再根据自己的策略，采取不同的方法。

操作短线是用“转折”的概念，可以做多头趋势上涨的一段、空头趋势下跌的一段，也可以做急跌的反弹和急涨的回档逆势。在趋势行进时，由其中一个转折的确认点，做到出现相反方向的转折确认点时出场。

1. **短线做多：** 从多头转折上涨的确认点进场做多，一直做到上涨一波段，出现转折下跌确认时出场。

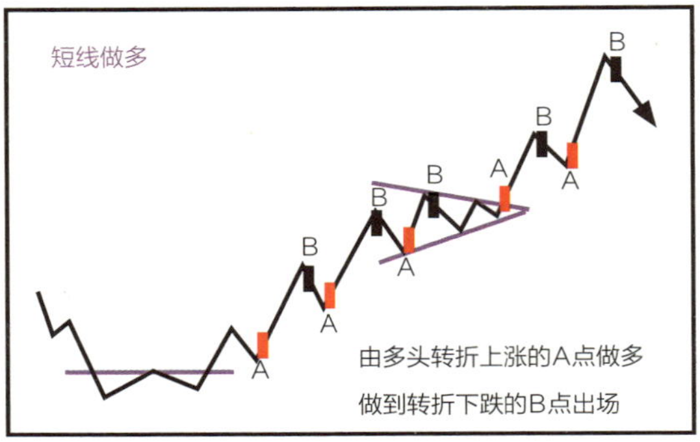

2. 短线做空：从空头转折下跌的确认点进场放空，一直做到下跌一波段，出现转折上涨确认点时回补。

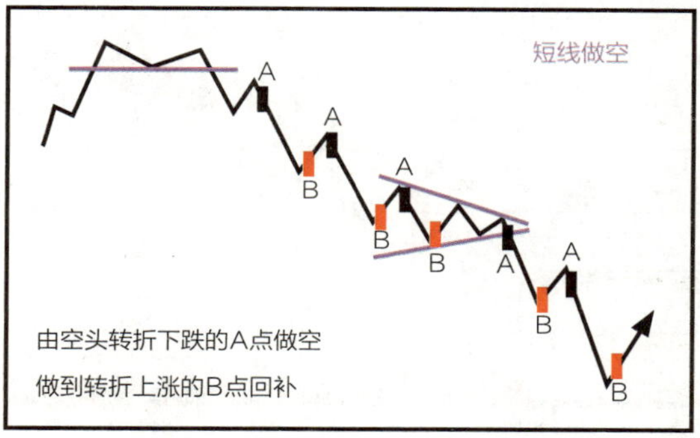

长转折和短转折

转折本身可以分为长转折和短转折：

1. 看"盘中分时图"的走势图做"转折操作"，可说是依据当天盘中的转折变化进出。

2. 看"日线图"的走势图做"转折操作"，可说是依据每天的转折变化进出。

3. 看"周线图"的走势图做"转折操作"，可说是依据每周的转折变化进出。

4. 看"月线图"的走势图做"转折操作"，可说是依据每月的转折变化进出。

因此，用时间越长的趋势图做转折操作，操作的时程就会比较长。

晶豪科日线：短线转折操作做多

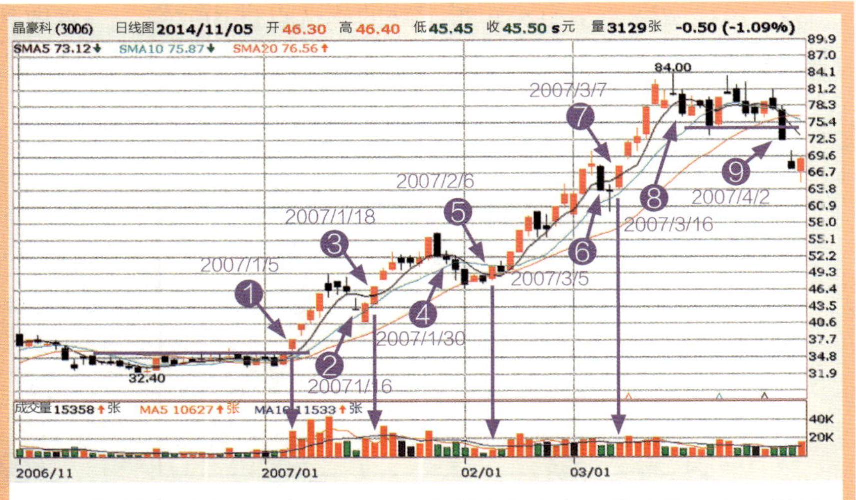

❶ 晶豪科（3006）2007/1/5，日线大量长红K线上涨，突破前面高点，多头趋势“头头高、底底高”确认，均线3线多头排列，当日收盘37.95元进场短线做多，用日线“转折”操作。

❷ 2007/1/16，跌破前3日K线最低点，跌破MA5，收盘43.1元多单卖出。短线单次获利5.15元，获利率13.5%。

❸ 2007/1/18，日线回档后长红K线上涨，突破前一日K线高点，当日收盘47.1元进场短线做多，用日线“转折”操作。

❹ 2007/1/30，跌破前2日K线最低点，跌破MA5，收盘51.8元多单卖出。短线单次获利4.7元，获利率9.9%。

❺ 2007/2/6，日线回档后放量长红K线上涨，突破前一日K线高点，当日收盘50.5元进场短线做多，用日线“转折”操作。

❻ 2007/3/5，长黑K线夜星转折向下，跌破前1日最低点，跌破MA5，收盘63.6元多单卖出。短线单次获利13.1元，获利率25.9%。

❼ 2007/3/7，日线放量长红K线上涨，突破前一日K线高点，当日收盘67.9元进场短线做多，用日线“转折”操作。

❽ 2007/3/16，长黑K线转折向下，跌破前3日最低点，跌破MA5，收盘77元多单卖出。短线单次获利9.1元，获利率13.4%。

❾ 2007/4/2，长黑K线下跌，跌破前面低点，跌破MA5、MA10、MA20，趋势转为“头头低、底底低”空头确认，结束做多操作。

文接下页

承上页图

操作成果

- 日线“转折操作”短线，一共进出4次，时程2.5个月。
- 总获利5.15元+4.7元+13.1元+9.1元=32.05元，获利率32.05÷37.95=84.4%。

资料来源：富邦e01电子交易系统

伍丰日线：短线转折操作做空

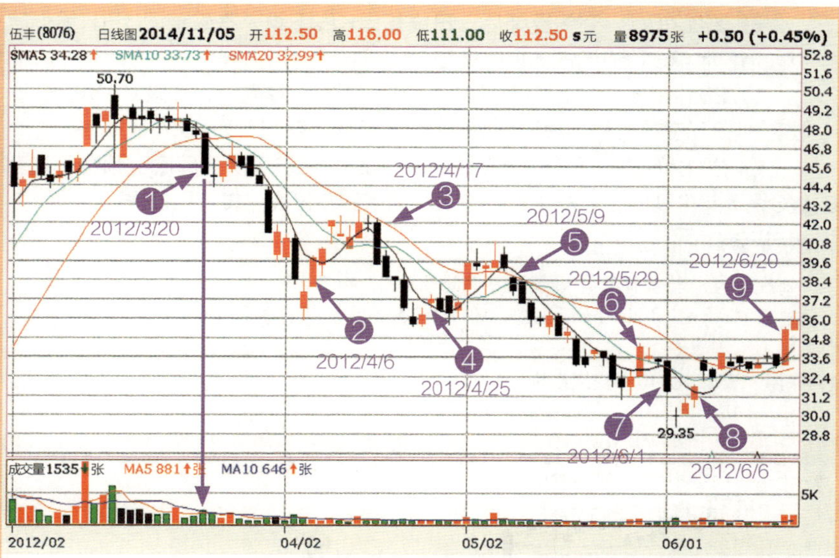

❶ 伍丰（8076）2012/3/20，日线大量长黑K线下跌，跌破前面低点，空头趋势“头头低、底底低”确认，均线3线空头排列，当日收盘45.1元进场短线做空，用日线“转折”操作。

❷ 2012/4/6，长红K线突破前1日K线最高点，突破MA5，收盘39.8元空单回补。短线单次获利5.3元，获利率11.7%。

❸ 2012/4/17，空头反弹到MA20月线，日线长黑K线下跌，跌破前面5日K线低点，均线3线空头排列，当日收盘39.45元进场短线做空，用日线“转折”操作。

❹ 2012/4/25，向上跳空长红K线，突破前1日K线最高点，突破MA5，收盘37.2元空单回补。短线单次获利2.25元，获利率5.7%。

❺ 2012/5/9，空头反弹到MA20月线，日线向下跳空长黑K线下跌，

文接下页

承上页图

跌破前面2日K线低点，跌破MA20均线，当日收盘37.8元进场短线做空，用日线“转折”操作。

❻ 2012/5/29，向上跳空长红K线，突破前3日K线最高点，突破MA5、MA10均线，收盘34.25元空单回补。短线单次获利3.55元，获利率9.3%。

❼ 2012/6/1，空头反弹后，日线长黑K线下跌，跌破前面3日K线低点，当日收盘31.55元进场短线做空，用日线“转折”操作。

❽ 2012/6/6，向上长红K线，突破前2日K线最高点，突破MA5均线，收盘31.8元空单回补。短线单次获利-0.25元，获利率为-0.7%。

❾ 2012/6/20，日线大量长红K线上涨，突破底部头肩底上颈线，均线3线多头排列向上，多头趋势确认，结束做多日线“转折”操作。

操作成果

- 日线做空“转折操作”短线，一共进出4次，时程2.5个月。
- 总获利5.3元+2.25元+3.55元-0.25元=10.85元，获利率10.85÷45.1=24%。

资料来源：富邦e01电子交易系统

佳世达周线：短线转折操作做空

❶ 佳世达（2352）2011/2/8，周线大量长黑K线下跌，跌破前面低点，空头趋势“头头低、底底低”确认，均线3线空头排列，当周收盘

文接下页

承上页图

17.9元进场短线做空，用周线“转折”操作。

❷ 2011/3/28，周线红K线，突破前1周K线最高点，收盘17.4元空单回补。短线单次获利0.5元，获利率2.7%。

❸ 2011/4/25，周线大量长黑K线下跌，跌破前4周K线低点，均线3线空头排列，当周收盘16.3元进场短线做空，用周线“转折”操作。

❹ 2011/8/29，周线大量红K线，突破前2周K线最高点，收盘8.4元空单回补。短线单次获利7.9元，获利率48.4%。

操作成果

- 周线“转折操作”做空短线，一共进出2次，时程6.5个月。
- 总获利0.5元+7.9元=8.4元，获利率8.4÷17.9=46.9%。

资料来源：富邦e01电子交易系统

宏捷科周线：短线转折操作做多

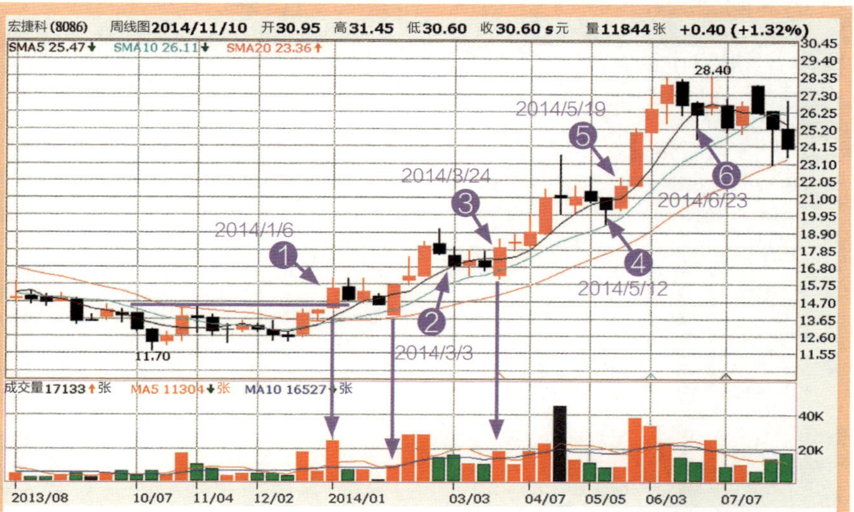

❶ 宏捷科（8086）2014/1/6，周线大量长红K线上涨，突破前面高点，多头趋势“头头高、底底高”确认，均线3线多头排列，当周收盘15.5元进场短线做多，用周线“转折”操作。

❷ 2014/3/3，周线黑K线，跌破前1周K线最低点，跌破MA5均线，

文接下页

承上页图

收盘16.85元多单卖出。短线单次获利1.35元，获利率8.7%。

❸ 2014/3/24，周线多头回档后大量长红K线上涨，突破前面2周高点，均线3线呈现多头排列，当周收盘18元进场短线做多，用周线“转折”操作。

❹ 2014/5/12，周线黑K线，跌破前1周K线最低点，跌破MA5周均线，收盘20.3元多单卖出。短线单次获利2.3元，获利率12.7%。

❺ 2014/5/19，周线多头回档后长红K线上涨，突破前1周高点，均线3线多头排列，当周收盘21.7元进场短线做多，用周线“转折”操作。

❻ 2014/6/23，周线黑K线，跌破前1周K线最低点，跌破MA5周均线，收盘26.1元多单卖出。短线单次获利4.4元，获利率20.2%。

操作成果

- 周线“转折操作”短线，一共进出3次，时程5.5个月。
- 总获利1.35元+2.3元+4.4元=8.05元，获利率8.05÷15.5=51.9%。

资料来源：富邦e01电子交易系统

第4节

长线均线操作法

小叮咛：任何操作方法都要依据“步骤2：进场”的纪律进场，之后再根据自己的策略，采取不同的方法。

长线均线操作法的原则是，符合趋势进场后，设定均线为操作依据，而且又可区分为日均线和周均线做多两种操作方式。

日线波浪形态＋MA20日均线操作做多

1. 波浪形态多头完成。
2. 股价突破MA20日均线，均线上扬。
3. 进场止损守多头转折低点。
4. 跌破MA20日均线出场。
5. 多头趋势改变（日线趋势出现头头低），停止操作。

健亚日线：波浪形态+MA20日均线操作

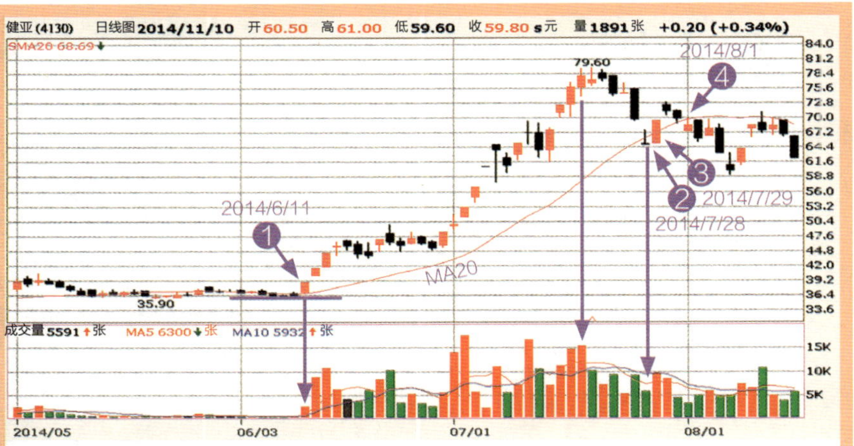

❶ 健亚（4130）2014/6/11，日线大量长红K线上涨，突破底部盘整，多头趋势“头头高、底底高”确认，当日收盘38.9元进场长线做多，用日线MA20均线操作。

❷ 2014/7/28，跌破MA20，收盘65元多单卖出。短线单次获利26.1元，获利率67%。

❸ 2014/7/29，日线大量长红K线上涨，突破MA20，多头回档再上涨确认，当日收盘69.5元进场长线做多，用日线MA20均线操作。

❹ 2014/8/1，跌破MA20，收盘68.6元多单卖出。短线单次获利-0.9元，获利率-1.2%。

操作成果

- 日线“波浪形态+MA20日均线操作”长线，一共进出2次，时程2个月。
- 总获利26.1元-0.9元=25.2元，获利率25.2÷38.9=64.7%。

资料来源：富邦e01电子交易系统

周线波浪形态+MA10周均线操作做多

1. 周线波浪形态多头完成。

2. 股价在MA10周均线之上，均线上扬，多头进场位置进场。

3. 进场止损守多头转折低点。

4. 跌破MA10周均线出场。

5. 多头趋势改变（周线趋势出现头头低），停止操作。

应华周线：波浪形态+MA10周均线操作

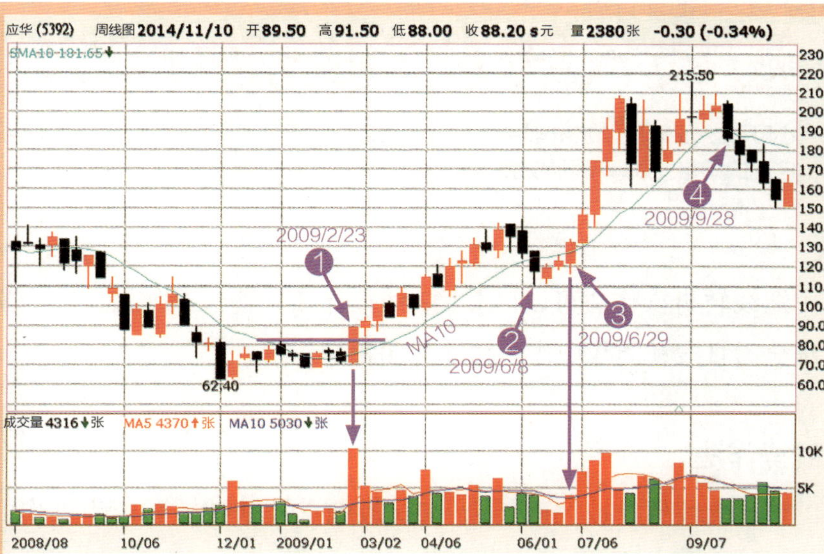

❶ 应华（5392）2009/2/23，当周大量长红K线上涨，突破前面高点，多头趋势“头头高、底底高”确认，当周收盘89.2元进场长线做多，用周线MA10均线操作。

❷ 2009/6/8，黑K线下跌，跌破MA10，收盘117.5元多单卖出。短线单次获利28.3元，获利率31.7%。

❸ 2009/6/29，周线大量长红K线上涨，突破MA10，多头回档再上涨确认，当日收盘132.5元进场长线做多，用周线MA10均线操作。

❹ 2009/9/28，长黑K线下跌，跌破MA10，收盘186元多单卖出。短线单次获利53.5元，获利率40.3%。

操作成果

- 周线“波浪形态+MA10周均线操作”长线，一共进出2次，时程7个月。
- 总获利28.3元+53.5元=81.8元，获利率81.8÷89.2=91.7%。

资料来源：富邦e01电子交易系统

第5节

短线K线及均线操作法

小叮咛：任何操作方法都要依据“步骤2：进场”的纪律进场，之后再根据自己的策略，采取不同的方法。

短线转折操作法可以区分为K线操作法和均线操作法，其中又可细分为日线和周线操作，总计有10种操作法。

K线操作法

以K线最高点被突破转强、K线最低点被跌破转弱作为操作的依据。

1. 日线操作

- 做多，每日收盘守前一日K线最低点。
- 做空，每日收盘守前一日K线最高点。

2. 周线操作

- 做多，每周收盘守前一周K线最低点。
- 做空，每周收盘守前一周K线最高点。

均线操作法

符合趋势进场后，设定均线作为操作依据。

1. 日线操作

- 波浪形态＋MA5日均线操作。
- 波浪形态＋MA10日均线操作。

2. 周线操作

- 波浪形态＋MA5周均线操作。

逆势操作属于短线操作，适合用K线操作法或者MA3均线操作法。

方法1：日线多头“K线操作法”做多

1. 波浪形态多头完成。
2. 股价符合多头进场位置进场。
3. 进场止损守进场红K线最低点。
4. 收盘跌破前一日K线最低点出场。
5. 多头趋势改变（日线趋势出现头头低），停止操作。
6. 逆势做多也可用此方法短线操作。

美时日线：K线操作法

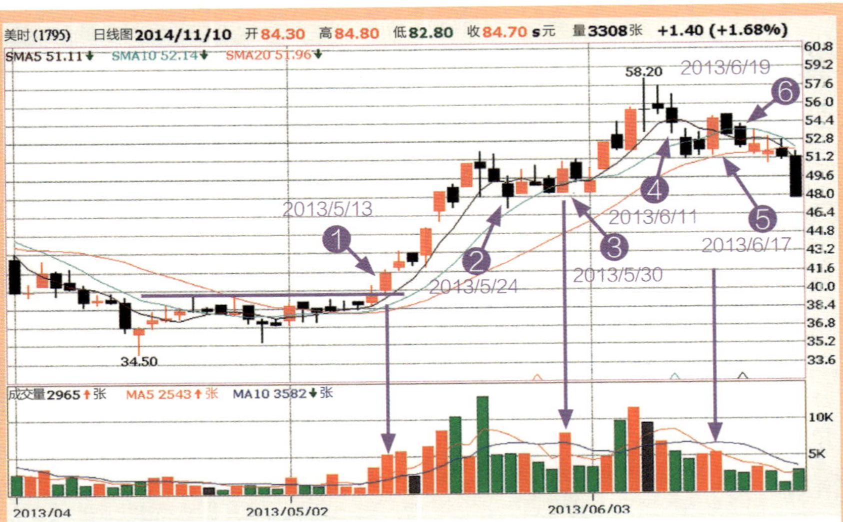

❶ 美时（1795）2013/5/13，日线大量长红K线上涨，突破前面高点，多头趋势“头头高、底底高”确认，当日收盘41.5元进场短线做多，用日线“K线操作法”操作。

❷ 2013/5/24，黑K线收盘跌破前一日K线最低点，收盘48元多单卖出。短线单次获利6.5元，获利率15.6%。

❸ 2013/5/30，日线大量长红K线上涨，收盘突破前一日的最高点，多头回档再上涨，当日收盘50.3元进场短线做多，用日线“K线操作法”操作。

❹ 2013/6/11，黑K线收盘跌破前一日K线最低点，收盘54.3元多单卖出。短线单次获利4元，获利率7.9%。

❺ 2013/6/17，日线大量长红K线上涨，收盘突破前一日的最高点，多头回档再上涨，当日收盘54.7元进场短线做多，用日线“K线操作法”操作。

❻ 2013/6/19，黑K线收盘跌破前一日K线最低点，出现“头头低”转折，收盘52.3元多单卖出。短线单次获利-2.4元，获利率-4.3%。

操作成果

- 日线“K线操作法”操作短线，一共进出3次，时程1个月。
- 总获利6.5元+4元-2.4元=8.1元，获利率8.1÷41.5=19.5%。

资料来源：富邦e01电子交易系统

方法2：日线空头“K线操作法”做空

1. 波浪形态空头完成。
2. 股价符合空头进场位置进场。
3. 进场止损守进场黑K线最高点。
4. 收盘突破前一日K线最高点回补。
5. 空头趋势改变（日线趋势出现底底高），停止操作。
6. 逆势做空也可用此方法短线操作。

东硷日线：K线操作法

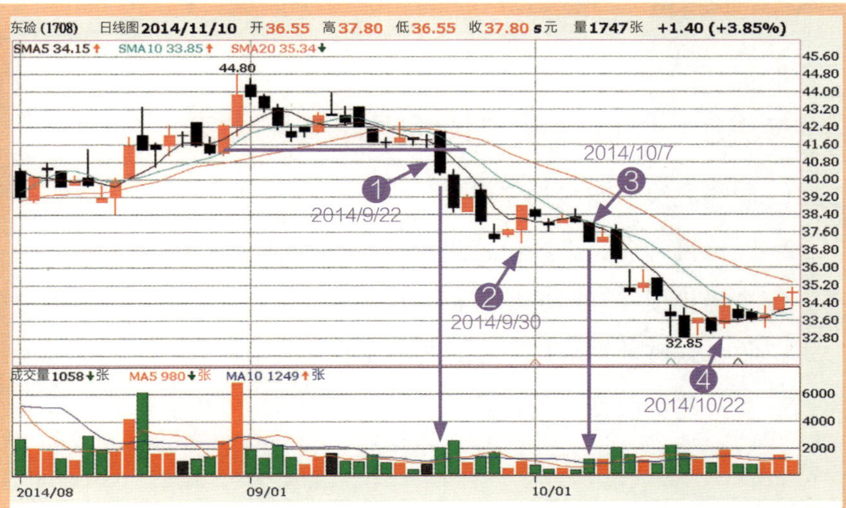

❶ 东硷（1708）2014/9/22，日线大量长黑K线下跌，跌破前面低点，空头趋势“头头低、底底低”确认，当日收盘40.3元进场短线做空，用日线空头“K线操作法”操作。

❷ 2014/9/30，红K线收盘突破前一日K线最高点，收盘38.8元空单回补。短线单次获利1.5元，获利率3.7%。

文接下页

承上页图

❸ 2014/10/7，日线大量长黑K线下跌，收盘跌破前一日最低点，空头反弹再下跌，当日收盘37.15元进场短线做空，用日线空头“K线操作法”操作。

❹ 2014/10/22，红K线收盘突破前一日K线最高点，收盘34.25元空单回补。短线单次获利2.9元，获利率7.8%。

操作成果

- 日线空头“K线操作法”操作短线，一共进出2次，时程1个月。
- 总获利1.5元+2.9元=4.4元，获利率4.4÷40.3=10.9%。

资料来源：富邦e01电子交易系统

方法3：周线多头“K线操作法”做多

1. 周线波浪形态多头完成。
2. 股价符合多头进场位置进场。
3. 进场止损守当周进场红K线最低点。
4. 收盘跌破前一周K线最低点出场。
5. 多头趋势改变（周线趋势出现头头低），停止操作。

鸿海周线：K线操作法

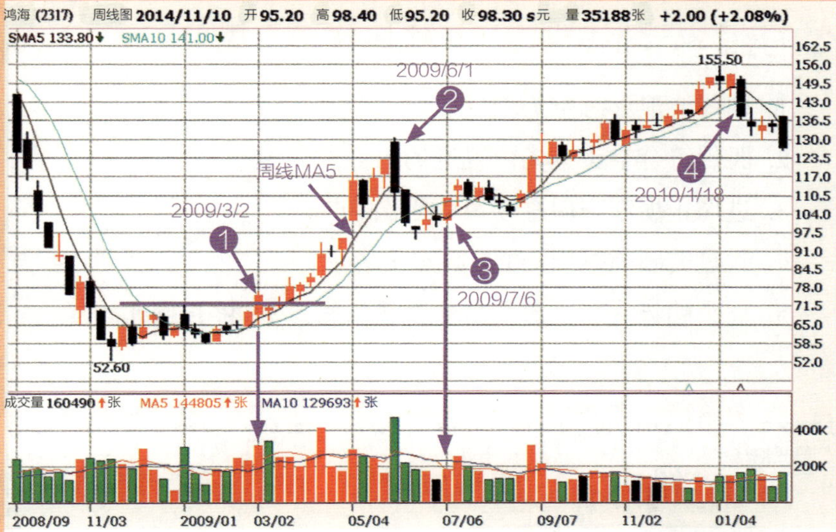

❶ 鸿海（2317）2009/3/2，周线大量长红K线上涨，突破前面高点，多头趋势“头头高、底底高”确认，当周收盘75.4元进场短线做多，用周线“K线操作法”操作。

❷ 2009/6/1，黑K线收盘跌破前一周K线最低点，跌破MA5周均线，收盘111.5元多单卖出。短线单次获利36.1元，获利率47.8%。

❸ 2009/7/6，周线大量长红K线上涨，收盘突破前3周的最高点，多头回档再上涨，当周收盘109.5元进场短线做多，利用周线“K线操作法”操作。

❹ 2010/1/18，黑K线收盘跌破前3周K线最低点，跌破MA5周均线，收盘138元多单卖出。短线单次获利28.5元，获利率26%。

操作成果

- 周线“K线操作法”操作短线，一共进出2次，时程10.5个月。
- 总获利36.1元+28.5元=64.6元，获利率64.6÷75.4=85.6%。

资料来源：富邦e01电子交易系统

方法4：周线空头“K线操作法”做空

1. 周线波浪形态空头完成。
2. 股价符合空头进场位置进场。
3. 进场止损守当周进场黑K线最高点。
4. 收盘突破前一周K线最高点出场。
5. 空头趋势改变（周线趋势出现底底高），停止操作。

F-TPK周线：K线操作法

❶ F-TPK（3673）2013/6/17，周线大量长黑K线下跌，跌破头部盘整低点，空头趋势“头头低、底底低”确认，当周收盘525元进场短线做空，用周线“K线操作法”操作。

❷ 2013/9/2，红K线收盘突破前一周K线最高点，突破MA5周均线，

文接下页

承上页图

收盘331元多单卖出。短线单次获利194元，获利率36.9%。

❸ 2013/9/9，周线大量长黑K线下跌，收盘跌破前3周最低点，空头反弹再下跌，当周收盘284元进场短线做空，用周线“K线操作法”操作。

❹ 2013/12/30，红K线收盘突破前3周K线最高点，突破MA5周均线，收盘183.5元多单卖出。短线单次获利100.5元，获利率35.3%。

操作成果

- 周线“K线操作法”操作短线，一共进出2次，时程6.5个月。
- 总获利194元+100.5元=294.5元，获利率294.5÷525=56%。

资料来源：富邦e01电子交易系统

方法5：日线多头“MA5均线操作法”做多

1. 波浪形态多头完成。
2. 股价符合多头进场位置进场。
3. 进场止损守进场红K线最低点。
4. 收盘跌破MA5均线出场。
5. 多头趋势改变（日线趋势出现头头低），停止操作。
6. 逆势做多也可用此方法短线操作。

美时日线：5日均线操作法

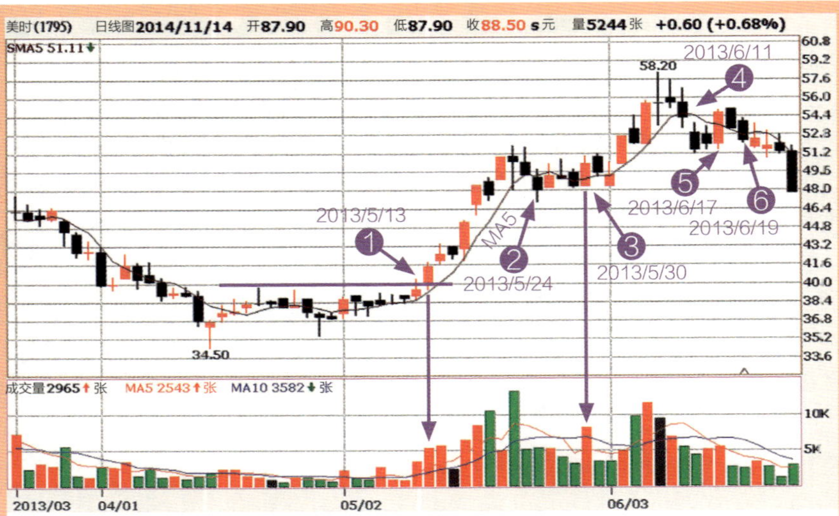

❶ 美时（1795）2013/5/13，日线大量长红K线上涨，突破前面高点，多头趋势“头头高、底底高”确认，当日收盘41.5元进场短线做多，用日线“K线操作法”操作。

❷ 2013/5/24，黑K线收盘跌破前一日K线最低点，收盘48元多单卖出。短线单次获利6.5元，获利率15.6%。

❸ 2013/5/30，日线大量长红K线上涨，收盘突破前一日的最高点，多头回档再上涨，当日收盘50.3元进场短线做多，用日线“K线操作法”操作。

❹ 2013/6/11，黑K线收盘跌破MA5均线，收盘54.3元多单卖出。短线单次获利4元，获利率7.9%。

❺ 2013/6/17，日线大量长红K线上涨，收盘突破前一日最高点，多头回档再上涨，当日收盘54.7元进场短线做多，用日线“MA5均线操作法”操作。

❻ 2013/6/19，黑K线收盘跌破MA5均线，出现“头头低”转折，收盘52.3元多单卖出。短线单次获利-2.4元，获利率-4.3%。

操作成果

- 日线“K线操作法”操作短线，一共进出3次，时程1个月。
- 总获利6.5元+4元-2.4元=8.1元，获利率8.1÷41.5=19.5%。

资料来源：富邦e01电子交易系统

方法6：日线空头“MA5均线操作法”做空

1. 波浪形态空头完成。
2. 股价符合空头进场位置进场。
3. 进场止损守进场黑K线最高点。
4. 收盘突破MA5均线出场。
5. 空头趋势改变（日线趋势出现底底高），停止操作。
6. 逆势做空也可用此方法短线操作。

东硷日线：5日均线操作法

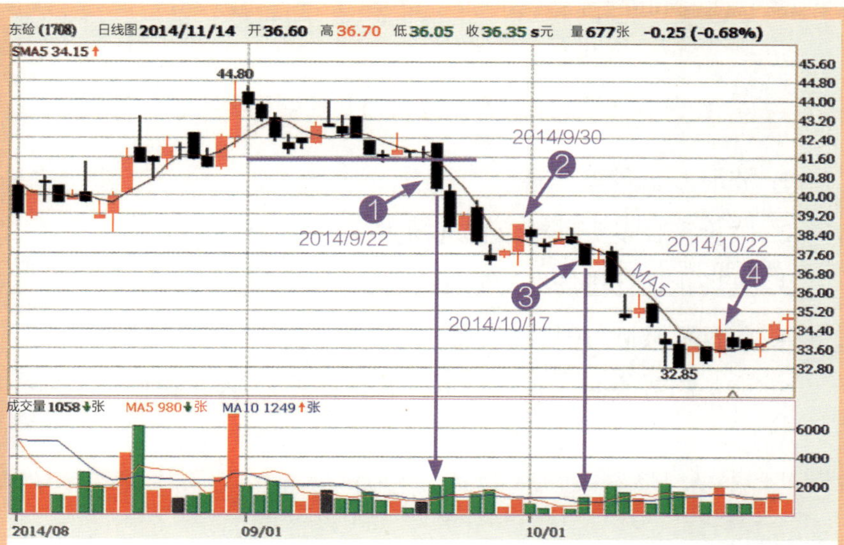

❶ 东硷（1708）2014/9/22，日线大量长黑K线下跌，跌破前面低点，空头趋势“头头低、底底低”确认，当日收盘40.3元进场短线做空，用日线空头“MA5均线操作法”操作。

文接下页

承上页图

❷ 2014/9/30，大量红K线收盘突破MA5均线，收盘38.8元空单回补。短线单次获利1.5元，获利率3.7%。

❸ 2014/10/7，日线大量长黑K线下跌，收盘跌破前一日最低点，空头反弹再下跌，当日收盘37.15元进场短线做空，用日线空头“MA5均线操作法”操作。

❹ 2014/10/22，红K线收盘突破MA5均线，收盘34.25元空单回补。短线单次获利2.9元，获利率7.8%。

操作成果

- 日线空头“MA5均线操作法”操作短线，一共进出2次，时程1个月。
- 总获利1.5元+2.9元=4.4元，获利率4.4÷40.3=10.9%。

资料来源：富邦e01电子交易系统

方法7：日线多头“MA10均线操作法”做多

1. 波浪形态多头完成。
2. 股价符合多头进场位置进场。
3. 进场止损守进场红K线最低点。
4. 收盘跌破MA10均线出场。
5. 多头趋势改变（日线趋势出现头头低），停止操作。

龙岩日线：10日均线操作法

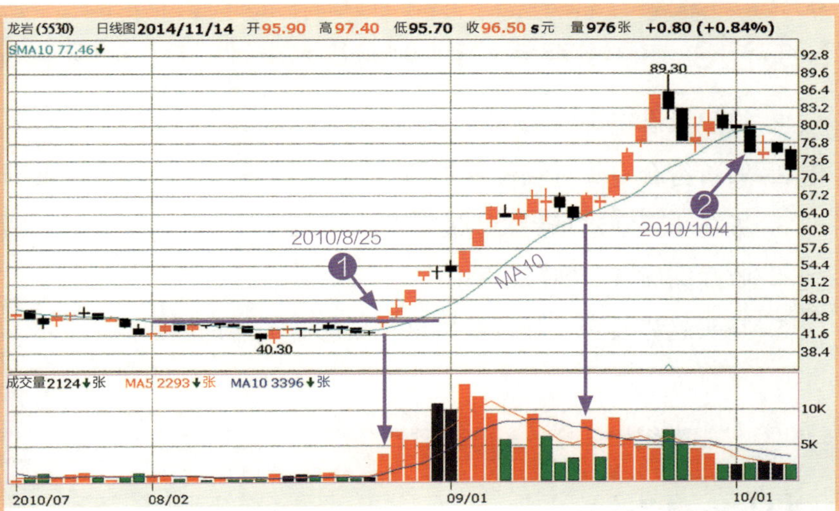

❶ 龙岩（5530）2010/8/25，日线大量长红K线跳空上涨，突破前面高点，多头趋势“头头高、底底高”确认，当日收盘45.1元进场短线做多，用日线“MA10均线操作法”操作。

❷ 2010/10/4，黑K线收盘跌破MA10均线，收盘75元多单卖出。短线单次获利29.9元，获利率66.2%。趋势出现“头头低、底底低”空头走势，停止做多操作。

资料来源：富邦e01电子交易系统

方法8：日线空头“MA10均线操作法”做空

1. 波浪形态空头完成。
2. 股价符合空头进场位置进场。
3. 进场止损守进场黑K线最高点。
4. 收盘突破MA10均线出场。
5. 空头趋势改变（日线趋势出现底底高），停止操作。

振曜日线：10日均线操作法

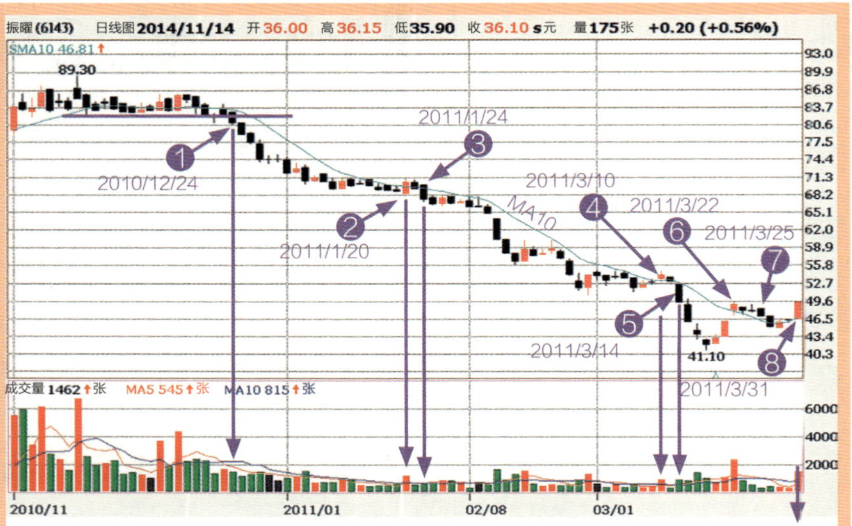

❶ 振曜（6143）2010/12/24，日线长黑K线下跌，跌破头部盘整低点，空头趋势“头头低、底底低”确认，当日收盘81元进场短线做空，用日线空头“MA10均线操作法”操作。

❷ 2011/1/20，大量红K线收盘突破MA10均线，收盘70.4元空单回补。短线单次获利10.6元，获利率13%。

文接下页

承上页图

❸ 2011/1/24，日线大量长黑K线下跌，收盘跌破前一日最低点，空头反弹再下跌，当日收盘67.5元进场短线做空，用日线空头“MA10均线操作法”操作。

❹ 2011/3/10，红K线收盘突破MA10均线，收盘58.7元空单回补。短线单次获利8.8元，获利率12.9%。

❺ 2011/3/14，日线大量长黑K线下跌，收盘跌破前一日最低点，空头反弹再下跌，当日收盘54.2元进场短线做空，用日线空头“MA10均线操作法”操作。

❻ 2011/3/22，大量红K线收盘突破MA10均线，收盘49元空单回补。短线单次获利5.2元，获利率9.5%。

❼ 2011/3/25，日线5黑K线下跌，收盘跌破前一日最低点，空头反弹再下跌，当日收盘47元进场短线做空，用日线空头“MA10均线操作法”操作。

❽ 2011/3/31，大量长红K线收盘突破MA10均线，收盘49.5元空单回补。短线单次获利-2.5元，获利率-5.3%。出现底底高多头走势，做空停止操作。

操作成果

- 日线空头“MA10均线操作法”操作短线，一共进出4次，时程4个月。
- 总获利10.6元+8.8元+5.2元-2.5元=22.1元，获利率22.1÷81=27.2%。

资料来源：富邦e01电子交易系统

方法9：日线空头“MA10均线操作法”做空

1. 周线波浪形态多头完成。
2. 股价符合多头进场位置进场。
3. 进场止损守进场红K线最低点。
4. 收盘跌破MA5周均线出场。
5. 多头趋势改变（周线趋势出现头头低），停止操作。

鑫创周线：5日均线操作法

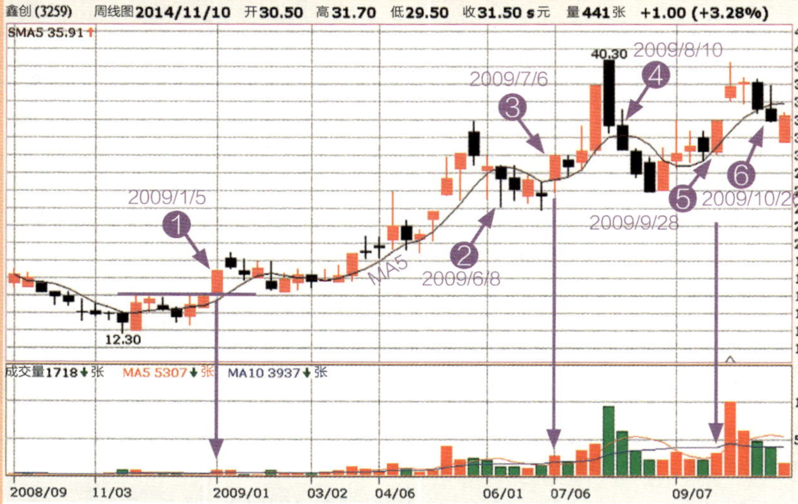

❶ 鑫创（3259）2009/1/5，周线大量长红K线上涨，突破前面高点，多头趋势“头头高、底底高”确认，当周收盘18.7元进场短线做多，用周线“MA5均线操作法”操作。

❷ 2009/6/8，黑K线收盘跌破MA5周均线，收盘28.2元多单卖出。短线单次获利9.5元，获利率50.8%。

❸ 2009/7/6，周线大量长红K线上涨，收盘突破前4周最高点，多头回档再上涨，当周收盘30.6元进场短线做多，用周线“MA5均线操作法”操作。

❹ 2009/8/10，黑K线收盘跌破MA5周均线，收盘31.15元多单卖出。短线单次获利0.55元，获利率1.7%。

❺ 2009/9/28，周线大量长红K线上涨，收盘突破前2周最高点，多头回档再上涨，当周收盘34.1元进场短线做多，用周线“MA5均线操作法”操作。

❻ 2009/10/26，黑K线收盘跌破MA5周均线，收盘34.05元多单卖出。短线单次获利0.05元，获利率0.1%。出现头头低，做多停止操作。

操作成果

- 周线“MA5均线操作法”操作短线，一共进出3次，时程10个月。
- 总获利9.5元+0.55元+0.05元=10.1元，获利率10.1÷18.7=54%。

资料来源：富邦e01电子交易系统

方法10：周线空头“MA5均线操作法”做空

1. 周线波浪形态多头完成。
2. 股价符合多头进场位置进场。
3. 进场止损守进场红K线最低点。
4. 收盘跌破MA5周均线出场。
5. 多头趋势改变（周线趋势出现头头低），停止操作。

益登周线：5日均线操作法

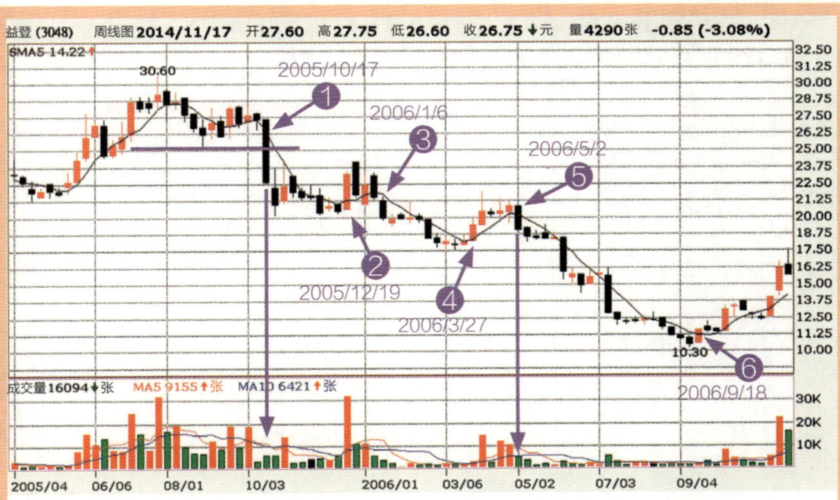

❶ 益登（3048）2005/10/17，周线大量长黑K线下跌，跌破头部盘整低点，空头趋势“头头低、底底低”确认，当周收盘22.7元进场短线做空，用周线“MA5均线操作法”操作。

❷ 2005/12/19，大量长红K线收盘跌破前4周最低点，收盘23.25元多单卖出。短线单次获利-0.55元，获利率-2.4%。

❸ 2006/1/6，周线大量长黑K线下跌，收盘跌破前3周的最低点，空

文接下页

承上页图

头反弹再下跌，当周收盘20元进场短线做空，用周线“MA5均线操作法”操作。

❹ 2006/3/27，大量长红K线收盘突破MA5周均线，收盘19.45元多单卖出。短线单次获利0.55元，获利率2.7%。

❺ 2006/5/2，周线长黑K线下跌，收盘跌破前4周的最低点，空头反弹再下跌，当周收盘19.1元进场短线做空，利用周线“MA5均线操作法”操作。

❻ 2006/9/18，长红K线收盘突破MA5周均线，收盘11.6元多单卖出。短线单次获利7.5元，获利率39.2%。

操作成果

- 周线“MA5均线操作法”操作短线，一共进出3次，时程11个月。
- 总获利−0.55元+0.55元+7.5元=7.5元，获利率7.5÷22.7=33%。

资料来源：富邦e01电子交易系统

第6节

长短线综合操作法：趋势＋均线＋乖离

影响股票走势的因素很多，即使一档股票的基本面很好，技术面的月、周、日线都合乎多头上涨的条件，仍不能保证一定会大波段上涨，可能上涨中波段或小波段，就结束多头趋势。为了解决上述的困扰，可以考虑采用以下的操作策略：

策略1 长线趋势操作

长线趋势操作，必须在底部多头趋势确认位置，或头部空头趋势确认位置开始操作，如果位置在高档的末升段或在低档的末跌段，就不适合用长线趋势操作。

策略2 从短线开始操作

刚进场操作时先从短线做起，当走势持续时再做长线，例如日线底部多头趋势刚确认时，先做短线，当日线持续上涨一段，周线走势图也完成底部多头趋势确认后，再改做长线，这样有周线多头趋势的保护，在日线做长线“趋势操作”，成功的机会就很高。

策略3 长短线综合操作法

用长短线兼顾的“趋势+均线+乖离”综合战法，在日线操作采取下列做法：

1. 用趋势进场

- 多头趋势做多，空头趋势做空，盘整趋势退出操作。
- 多头趋势做多，用多头做多的2个位置进场，多头“回后买涨上”“盘整的突破”（详见第2章 步骤2 进场 第2节），止损用趋势进场的转折低点。
- 空头趋势做空，用空头做空的2个位置进场，空头“弹后空下跌”“盘整的跌破”（详见第2章 步骤2 进场 第3节），止损用趋势进场的转折高点。

2. 用MA10均线出场

- 多头用MA10、MA20两条均线，收盘跌破MA10均线止盈卖出，MA20均线的上扬角度，作为方向及多头强弱变化的参考。
- 空头用MA10、MA20两条均线，收盘突破MA10均线止盈回补，MA20均线的下弯角度，作为方向及空头强弱变化的参考。

3. 乖离过大改用MA3、MA5均线止盈

多头走势，当股价出现急涨，股价与MA20均线乖离超过15%以上；或空头走势，当股价出现急跌，股价收盘与MA20均线乖离超过-15%，改用MA3或MA5两条均线止盈。短线急涨或急跌，可以快速拉高获利，要掌握获利先入袋，避免因急涨后容易急跌或急

跌后容易急涨，使得原先的获利出现大量回吐。

4. 趋势如没改变，止盈后继续操作原本的趋势方向

佳世达日线：长短线综合操作做多

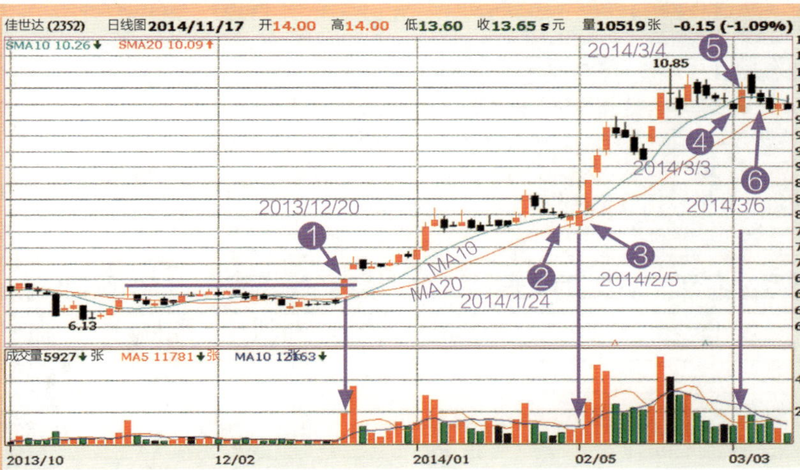

❶ 佳世达（2352）2013/12/20，日线大量长红K线上涨，突破前面高点，多头趋势“头头高、底底高”确认，股价突破MA20，MA20往上，当日收盘6.89元进场做多，用日线“长短线综合操作法”操作。

❷ 2014/1/24，黑K线收盘跌破MA10均线，收盘8.05元多单卖出。短线单次获利1.16元，获利率16.8%。多头趋势不变，月线持续往上，继续做多。

❸ 2014/2/5，日线大量长红K线上涨，收盘突破前一日最高点，多头回档再上涨，当日收盘8.16元进场短线做多，用日线“长短线综合操作法”操作。

❹ 2014/3/3，黑K线收盘跌破MA10均线，收盘10.1元多单卖出。短线单次获利1.94元，获利率23.7%。

❺ 2014/3/4，日线大量长红K线上涨，收盘突破前一日最高点，多头回档再上涨，当日收盘10.45元进场短线做多，用日线“长短线综合操作

文接下页

承上页图

法”操作。

❻ 2014/3/6，黑K线收盘跌破MA10均线，同时出现“头头低”转折，趋势改变，收盘10.25元多单卖出。短线单次获利-0.2元，获利率-1.9%。

操作成果

- 日线“长短线综合操作法”操作，一共进出3次，时程2.5个月。
- 总获利1.16元+1.94元-0.2元=2.9元，获利率2.9÷6.89=42%。

资料来源：富邦e01电子交易系统

和旺日线：长短线综合操作做多

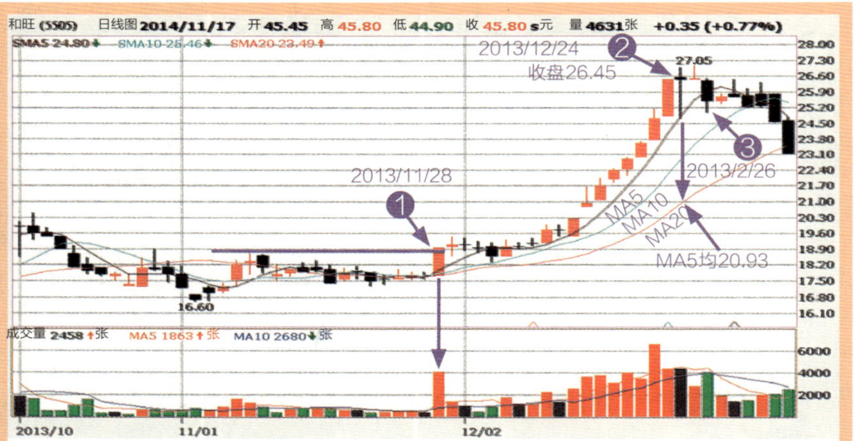

❶ 和旺（5505）2013/11/28，日线大量长红K线上涨，突破前面高点，多头趋势“头头高、底底高”确认，股价突破MA20，均线3线呈多头排列向上，当日收盘18.95元进场做多，用日线“长短线综合操作法”操作。

❷ 2013/12/24，股价连续上涨到高档，当日出现十字变盘线，收盘26.45元，与MA20月线值20.93元，乖离=（26.45 - 20.93）÷20.93=26.3%＞15%，止盈改为跌破MA5均线出场。

❸ 2013/12/26，黑K线收盘跌破MA5均线，收盘25.5元多单卖出。短线单次获利6.55元，获利率34.5%。

资料来源：富邦e01电子交易系统

毅嘉日线：长短线综合操作做空

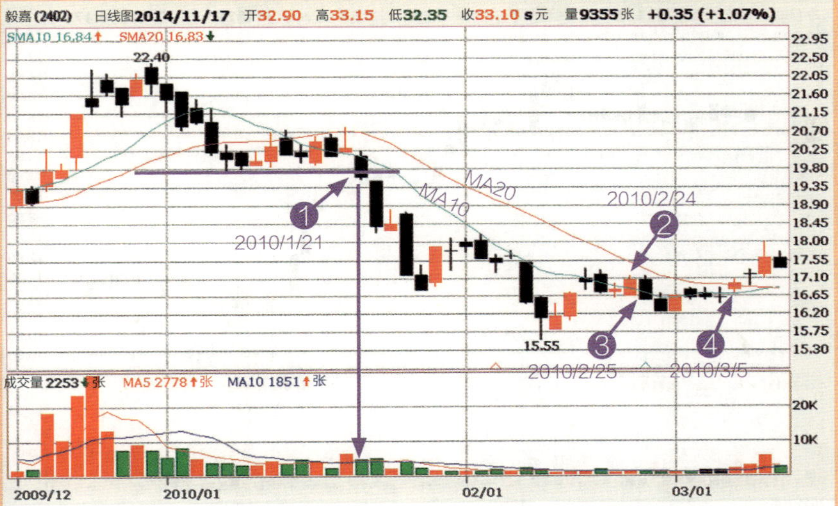

❶ 毅嘉（2402）2010/1/21，日线长黑K线下跌，跌破前面低点，空头趋势“头头低、底底低”确认，股价跌破MA20，均线3线空头排列向下，当日收盘19.6元进场做空，用日线“长短线综合操作法”操作。

❷ 2010/2/24，日线长红K线突破MA10，收盘17.05元回补。短线单次获利2.55元，获利率13%。

❸ 2010/2/25，日线长黑K线跌破前一日K线最低点，当日收盘16.55元进场做空，用日线“长短线综合操作法”操作。

❹ 2010/3/5，日线红K线突破MA10，收盘16.95元回补。短线单次获利-0.4元，获利率-2.4%。

操作成果

- 日线“长短线综合操作法”操作，一共进出2次，时程1.5个月。
- 总获利2.55元-0.4元=2.15元，获利率2.15÷19.6=10.9%。

资料来源：富邦e01电子交易系统

毅嘉日线：长短线综合操作做空

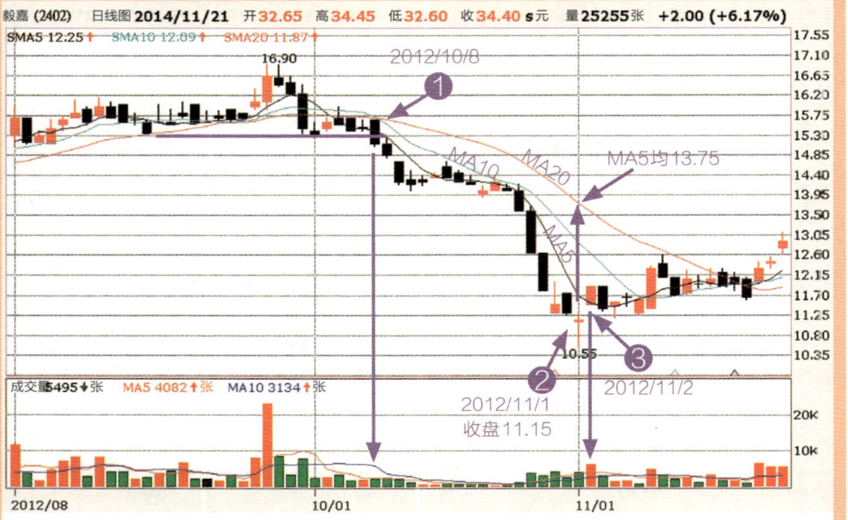

❶ 毅嘉（2402）2012/10/8，日线大量长黑K线下跌，跌破前面低点，空头趋势“头头低、底底低”确认，股价跌破MA20，均线3线空头排列向下，当日收盘15.1元进场做空，用日线“长短线综合操作法”操作。

❷ 2012/11/1，股价连续急速下跌到低档，当日出现十字变盘线，收盘11.15元，与MA20月线值13.75元，乖离 =（11.15 － 13.75）÷13.75 = −18.9% > −15%，止盈改为突破MA5均线出场。

❸ 2012/11/2，大量长红K线收盘突破MA5均线，收盘11.9元空单回补。短线单次获利3.2元，获利率21.1%。

资料来源：富邦e01电子交易系统

第7节

如何提高操作胜率

在多头走势中，按照进场位置去做多（顺势操作），交易10次，有8次都能够成功上涨赚钱，这样的“胜率”高达80%。同样一只股票，在多头走势中去做空（逆势操作），交易10次，只有1次能够成功上涨赚钱，这样的“胜率”只有10%。

顺势操作才有高胜率

例如宏达电（2498），在多头趋势的向上长红K线买进，都能够成功，但是在空头下跌中的长红K线买进，却都失败，因为在多头向上的时候买进做多，“胜率”会远高于在空头下跌中做多，这就是顺势操作的道理。因此，在空头下跌时，当天即使大量上涨，去抢做多，10次大概只有1次会成功。

宏达电日线

❶ 多头上涨的转折红K做多4次，3次成功，只有最后一次上涨没有过前高，出现“头头低”。

❷ 空头下跌的转折红K做多4次，4次都失败。

资料来源：富邦e01电子交易系统

止损才能避免大赔

股票市场变化很快，风险很大，执行止损是避开风险的唯一方法，也是避免大赔的唯一方法，该赔就赔，赔就是赚，俗话说：“不怕一万，只怕万一。”只要遇到一次因没执行止损而惨赔，多年的努力恐怕都会付诸东流。

旭品日线

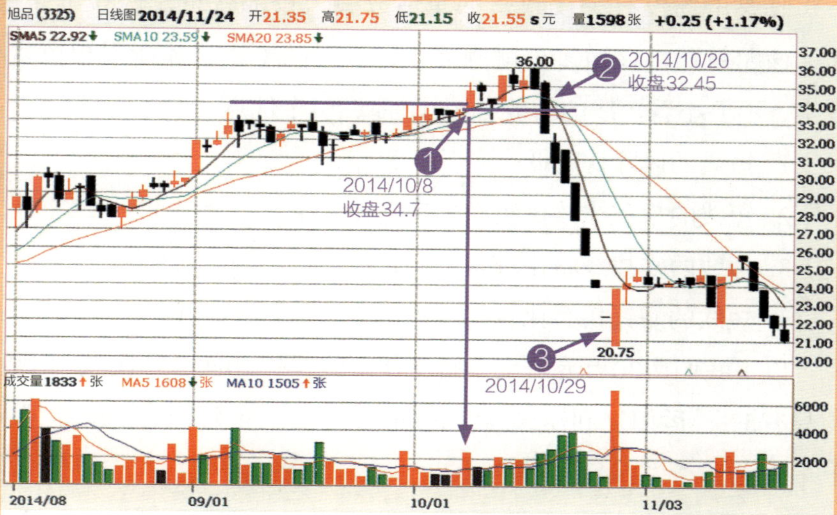

❶ 旭品（3325）2014/10/8，日线大量长红K线上涨，突破前面6天K线的横盘高点，多头趋势继续上涨，当日收盘34.7元进场做多，止损设当天长红K线的最低点33.7元。

❷ 2014/10/20，股价连续急速下跌，当日出现大量长黑K线，收盘32.45元，跌破止损价出场。短线止损-2.25元，赔率-6.5%。

❸ 如果没有执行止损，后续连续下跌，2014/10/29最低价到20.75元，短线赔-13.95元，赔率-40.2%，无法解套，损失惨重。

资料来源：富邦e01电子交易系统

短线获利5%即可致富

大家都知道，做大波段的获利很高，希望买进股票就一直上涨，可是大多数的股票不会如此。散户做到一档上涨的股票，往往因为贪心，该卖的时候没有卖，而少赚很多，甚至倒赔。

股票市场没有一夜致富的童话故事，按部就班，遵守纪律操作，该赔就赔，该赚多少就赚多少，长时间下来，才能累积致富。其实，不要小看短线的绩效，短线有以下4个优点：

1. 短线的风险比较低。
2. 短线的累积绩效比较高（可提高资金运用效率）。
3. 短线的实战经验比较多（如选股、进出场、操作）。
4. 短线的赚钱机会比较多（在下跌趋势仍有赚钱机会）。

以下我们用30万元资金，每半年短线操作10次，每次获利率平均只有5%，运用复利模式运作，到第5年的上半年，财富就能累积上千万元！

短线操作的复利绩效很惊人

年度	半年	本金（万元）	操作次数	获利率	获利金额（万元）	本利和（万元）
1	上半年	30	10	5%	15	45
	下半年	45	10	5%	22.5	67.5
2	上半年	67.5	10	5%	33.7	101.2
	下半年	101.2	10	5%	50.6	151.8
3	上半年	151.8	10	5%	75.9	227.7
	下半年	227.7	10	5%	113.8	341.5
4	上半年	341.5	10	5%	170.7	512.2
	下半年	512.2	10	5%	256.1	768.3
5	上半年	768.3	10	5%	384.1	1152.4
	下半年	1152.4	10	5%	576.2	1728.6

短线操作时，要注意以下几项重点：

1. 每半年操作10次，平均1个月操作不到2次，一定可找到短线机会。

2. 按照技术面顺势纪律操作，有时获利超过5%，有时要止损，平均获利为5%。

3. 复利操作，资金逐年增加，经验也逐年增加，保持技术面顺势纪律操作，自然可以稳定获利。

4. 以趋势方向盘为主要操作策略：

- 多头顺势买进做多。
- 空头顺势卖出做空。

5. 不疾不徐，不贪不惧，忍耐坚持，看好才出手。

6. 积沙成塔，自然能够创造财富。

第5章

步骤5 止盈

俗话说："会买股票是徒弟，会卖股票才是师傅。"经过漫长的选股，等待进场，投入资金，买进股票，再忍受可能止损的煎熬，终于如愿上涨，开始尝到赚钱的喜悦，最后的一里路，就是要何时止盈卖出，收割丰硕的果实。

第1节

止盈的基本观念

俗话说："会买股票是徒弟，会卖股票才是师傅。"经过学习，一般人会晓得如何挑选股票，但通常没有止盈的规划。换句话说，懂得买进，而不懂得卖出，只会看着股价上涨又下跌，或者抓到一只会涨的股票，但是涨一点点就卖掉，该赚的大钱没赚到。

股票卖出换成现金，结算有获利，才是真正赚钱。没有卖出前，股价随时都在上上下下，如何拿捏该卖出的价格，的确不容易，卖得太早只能赚到一点小钱，该卖没卖，股价又可能快速回跌，反而赔钱。

如何卖出股票是获利的关键，止盈是每次交易的最后一个动作，如何画下完美的句点，让辛苦的付出有代价，是散户必学的重要功夫。

止盈要有以下的正确观念，否则永远会琢磨不定，造成该卖没卖，不该卖却卖的情况。

观念1

股价涨多会拉回，有获利卖压、解套卖压、大户调节卖压、洗盘卖压，因此，除非是飙股，否则即使是在上涨多头，也是涨一段、回跌一段或盘整一段。

观念2

切记！股票操作过程中，止盈与该股的基本面无关，卖出的决策取决于价格走势及成交量变化（见下页“大立光日线”图）。

观念3

操作股票时，好的进场点是成功的一半，好的止盈卖出是成功的另一半。

观念4

股价的起涨与起跌，不是个人能够掌控，永远不要想买在最低点，卖在最高点。想卖出时，往往因为觉得还有高点，而错失相对最佳高点，反而下跌到低点。在操作中，达到自己设定的目标价，或者是出现卖出信号，都应该断然卖出。卖出后如果股价继续上涨，不要觉得可惜，因为“十鸟在林，不如一鸟在手”。买卖股票的目的是获利，如不能掌握卖出获利的契机，到最后只是自我陶醉，空欢喜一场而已！

大立光日线：止盈与基本面无关

❶ 大立光（3008）2014/6/19，日线多头盘中后大量长红K线上涨，突破盘整区，均线多头排列，当天收盘2190元进场做多。

❷ 2014/7/25，大量长黑K线，跌破前面转折最低点，跌破MA5、MA10、MA20均线，同时出现“头头低、底底低”空头趋势确认，收盘2300元多单卖出。后来股价下跌到1985元，但大立光的获利仍然持续创新高，因此，止盈与基本面无关。

资料来源：富邦e01电子交易系统

观念5

一般正常走势，多头股价上涨利润达15%，就会引来短线获利卖压，如果此时又接近压力区，更容易引来解套的卖压，因此，获利达到15%以上时，要注意随时出现的卖压信号，掌握机会卖在相对高点。

观念6

多头股票强势上涨，获利达20%~25%时，要注意容易回档做较长时间的整理。

观念7

高档压区，K线出现带大量的长黑、长上影线、十字线等变盘线信号，次日转折下跌的概率很高，准备随时出场。

观念8

飙股涨势凌厉，必须盯住走势，当出现爆大量股价转弱下跌时，要立刻获利出场，出场后如再出现继续强势上涨时，再介入操作。

观念9

空头下跌达15%幅度，低接或回补比较不明显，获利回补位置以K线止跌回升信号为主。

观念10

长期均线（月线或季线）在股价的上方向下弯，会带来较重的压力，当股价靠近均线时，要注意反压的卖出信号。

观念11

分清止盈点与加码点，看清是有获利幅度的高点，还是盘整后

华晶科日线：分清止盈和加码点

❶ 华晶科（3059）2014/1/14，突破下跌3个月的大底，是多头加码点，不是卖出点。

资料来源：富邦e01电子交易系统

的起涨点，有些人在盘整区买进后抱了好多天，结果开始突破的第一天就赶紧卖掉，实在可惜。

观念12

整体而言，止盈点应该属于操作策略的一环，当符合止盈的条件出现时，就应该依照纪律止盈，如此才能把握每次的获利入袋。

第2节

依据操作纪律止盈

止盈的方法有许多种，主要可区分为三大类：依据操作纪律止盈、预设获利目标止盈、依据特定条件止盈，在接下来的3章，将分别详加叙述。

依据操作纪律止盈的方法如下。

方法1

用长线“趋势操作”，当趋势改变时止盈出场。

方法2

用短线“K线转折操作”，当K线收盘出现转折时止盈出场。

方法3

用短线“均线转折操作”，当K线收盘跌破操作的均线时止盈出场。

华晶科日线：多头长线『趋势操作』止盈

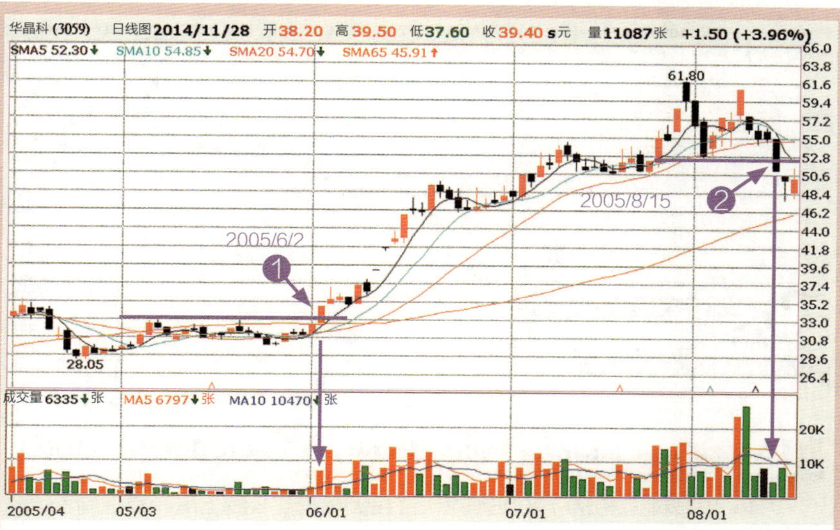

❶ 华晶科（3059）2005/6/2，日线大量长红K线上涨，突破前面高点，“头头高、底底高”多头趋势确认，均线为3线多头排列向上，当天收盘34.55元进场长线“趋势操作”做多，当趋势转成空头趋势时，止盈出场。

❷ 2005/8/15，长黑K线，跌破前面最低点，跌破3条均线，同时“头头低、底底低”空头趋势确认，收盘51.2元多单卖出。单次趋势止盈操作，获利16.65元，获利率48.1%。

资料来源：富邦e01电子交易系统

华晶科日线：多头短线『K线转折操作』止盈

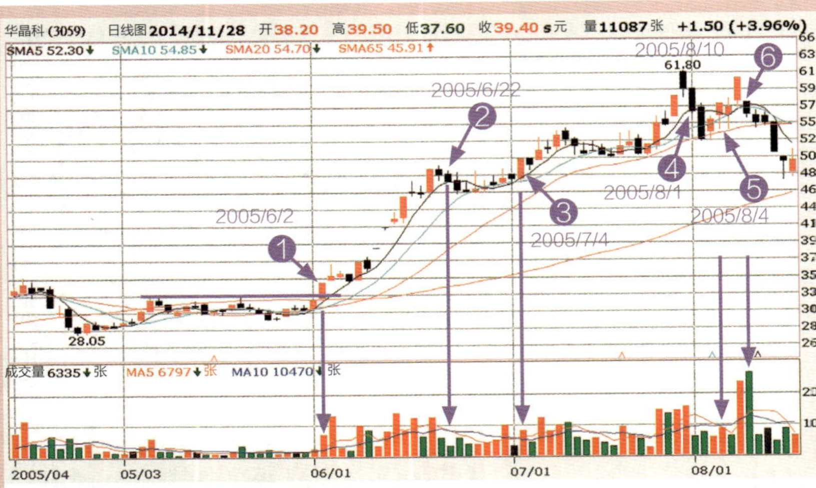

❶ 华晶科（3059）2005/6/2，日线大量长红K线上涨，突破前面高点，“头头高、底底高”多头趋势确认，均线为3线多头排列向上，当天收盘34.55元进场，短线“K线转折操作”做多，当K线转折时，止盈出场。

❷ 2005/6/22，黑K线跌破前一天最低点，转折确认，收盘47.7元多单卖出。单次转折止盈操作，获利13.15元，获利率38%。

❸ 2005/7/4，日线大量长红K线上涨，突破前一天高点，转折确认，当天收盘50.5元进场，短线“K线转折操作”做多，当K线转折时，止盈出场。

❹ 2005/8/1，长黑K线，跌破前一天最低点，转折确认，收盘56.6元多单卖出。单次转折止盈操作，获利6.1元，获利率12%。

❺ 2005/8/4，日线大量长红K线上涨，突破前一天高点，转折确认，当天收盘57.5元进场，短线“K线转折操作”做多，当K线转折时，止盈出场。

❻ 2005/8/10，大量长黑K线，跌破前一天最低点，转折确认同时出现“头头低”的趋势改变，收盘56.2元多单卖出。单次转折止盈操作，获利-1.3元，赔利率-2.2%。

操作成果

- 用转折止盈操作，一共3次，获利17.95元，获利率51.9%。
- 与前例相同股票相比，用趋势止盈的获利率是48.1%，K线转折止盈获利较高。

资料来源：富邦e01电子交易系统

华晶科日线：多头『5日均线转折操作』止盈

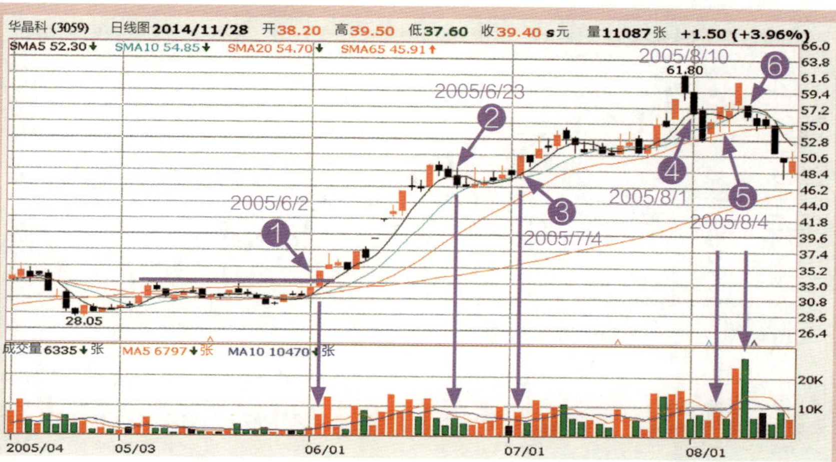

❶ 华晶科（3059）2005/6/2，日线大量长红K线上涨，突破前面高点，“头头高、底底高”多头趋势确认，均线3线多头排列向上，当天收盘34.55元进场，短线“MA5均线转折操作”做多，跌破MA5止盈。

❷ 2005/6/23，黑K线收盘跌破MA5均线，转折确认，收盘46.55元多单卖出。单次MA5均线转折止盈操作，获利12元，获利率34.7%。

❸ 2005/7/4，日线大量长红K线上涨，突破前一天高点，转折确认，当天收盘50.5元进场，短线“MA5均线转折操作”做多，当跌破MA5均线时，止盈出场。

❹ 2005/8/1，长黑K线，收盘跌破MA5均线，转折确认，收盘56.6元多单卖出。单次MA5均线转折止盈操作，获利6.1元，获利率12%。

❺ 2005/8/4，日线大量长红K线上涨，突破前一天高点，转折确认，当天收盘57.5元进场，短线“MA5均线转折操作”做多，当跌破MA5均线时，止盈出场。

❻ 2005/8/10，大量长黑K线，收盘跌破MA5均线，转折确认同时出现“头头低”的趋势改变，收盘56.2元多单卖出。单次MA5均线转折止盈操作，获利-1.3元，赔利率-2.2%。

操作成果

- 用MA5均线转折止盈操作，一共3次，获利16.8元，获利率48.6%。
- 前例相同股票用趋势止盈获利率是48.1%，用MA5均线转折止盈获利率是48.6%，获利相当。

资料来源：富邦e01电子交易系统

晶睿日线：空头『趋势操作』止盈

❶ 晶睿（3454）2011/8/1，日线大量黑K线下跌，跌破前面低点，“头头低、底底低”空头趋势确认，均线为3线空头排列向下，当天收盘79元进场长线“趋势操作”做空，当趋势转成多头趋势时，止盈出场。

❷ 2011/10/17，大量跳空长红K线，突破前面高点，突破3条均线，多头趋势确认，收盘60.9元空单回补。单次趋势止盈操作，获利18.1元，获利率22.9%。

资料来源：富邦e01电子交易系统

晶睿日线：空头『K线转折操作』止盈

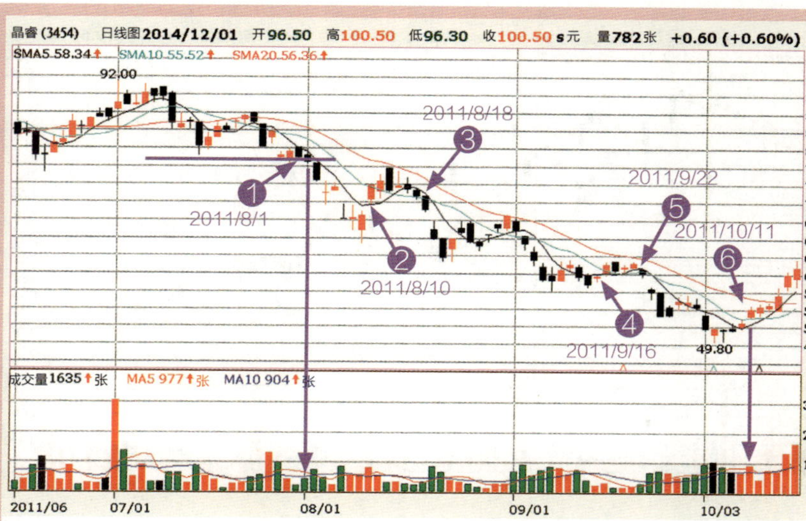

❶ 晶睿（3454）2011/8/1，日线大量黑K线下跌，跌破前面低点，“头头低、底底低”空头趋势确认，均线为3线空头排列向下，当天收盘79元进场做空，短线“K线转折操作”做空，当K线转折时，止盈回补。

❷ 2011/8/10，大量红K线，突破前一天最高点，转折确认，收盘75.3元空单回补。单次转折止盈操作，获利3.7元，获利率4.6%。

❸ 2011/8/18，日线黑K线下跌，跌破前一天低点，转折确认，当天收盘71.4元进场做空，短线“K线转折操作”做空，当K线转折时，止盈回补。

❹ 2011/9/16，大量长红K线，突破前一天最高点，转折确认，收盘62.5元空单回补。单次转折止盈操作，获利8.9元，获利率12.4%。

❺ 2011/9/22，日线黑K线下跌，跌破前一天的低点，转折确认，当天收盘61元进场做空，短线“K线转折操作”做空，当K线出现转折时，止盈回补。

❻ 2011/10/11，大量长红K线，跳空突破前一天最高点，转折确认，收盘55.2元空单回补。单次转折止盈操作，获利5.8元，获利率9.5%。

操作成果

- 用转折止盈操作，一共3次，获利18.4元，获利率23.2%。
- 与前例相同股票相比，用趋势止盈获利率是22.9%，K线转折止盈获利略高。

资料来源：富邦e01电子交易系统

晶睿日线：空头『5日均线转折操作』止盈

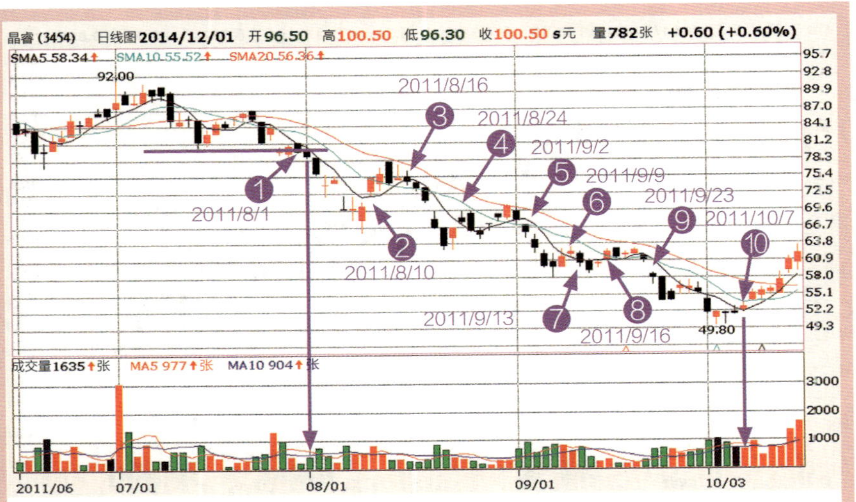

❶ 晶睿（3454）2011/8/1，日线大量黑K线下跌，跌破前面低点，“头头低、底底低”空头趋势确认，均线为3线空头排列向下，当天收盘79元进场做空，短线“MA5均线转折操作”做空，当K线突破MA5转折时，止盈回补。

❷ 2011/8/10，大量红K线，收盘突破MA5，转折确认，收盘75.3元空单回补。单次转折止盈操作，获利3.7元，获利率4.6%。

❸ 2011/8/16，黑K线下跌，跌破前一天低点，转折确认，当天收盘74.7元进场做空，短线“MA5均线转折操作”做空，当K线突破MA5转折时，止盈回补。

❹ 2011/8/24，黑K线，当K线突破MA5转折时，转折确认，收盘67.7元空单回补。单次转折止盈操作，获利7元，获利率9.3%。

❺ 2011/9/2，日线黑K线下跌，跌破前一天低点，转折确认，当天收盘65.9元进场做空，短线“MA5均线转折操作”做空，当K线突破MA5转折时，止盈回补。

❻ 2011/9/9，红K线十字线，当K线突破MA5转折时，转折确认，收盘62.5元空单回补。单次转折止盈操作，获利3.7元，获利率5.6%。

❼ 2011/9/13，日线黑K线下跌，跌破前一天低点，转折确认，当天

文接下页

承上页图

收盘60.5元进场做空，短线“MA5均线转折操作”做空，当K线突破MA5转折时，止盈回补。

❽ 2011/9/16，长红K线，当K线突破MA5转折时，转折确认，收盘62.5元空单回补。单次转折止盈操作，获利-2元，获利率-3.3%。

❾ 2011/9/23，日线黑K线下跌，跌破前一天低点，转折确认，当天收盘58元进场做空，短线“MA5均线转折操作”做空，当K线突破MA5转折时，止盈回补。

❿ 2011/10/7，红K线十字线，当K线突破MA5转折时，转折确认，收盘52.9元空单回补。单次转折止盈操作，获利5.1元，获利率8.7%。

操作成果

- 用MA5均线转折操作，一共5次，获利17.5元，获利率22.1%。
- 与前例相同股票相比，用K线转折止盈获利率是23.2%，K线转折止盈获利略高。

资料来源：富邦e01电子交易系统

第3节

预设获利目标止盈

学习完上一章的“依据操作纪律止盈”之后，接下来要探讨的是“预设获利目标止盈”：当达到预设获利，出现K线转折信号时止盈。

1. 每次进场股价收盘到达获利10%，出现股价不涨或下跌时，止盈出场。

2. 短线股价与月线乖离大于15%，股价不涨或下跌时，止盈出场。

3. 到达形态目标价、V转反弹目标价、波段预测目标价，股价不涨或反转时，止盈出场。

晶睿日线：多头获利10%止盈

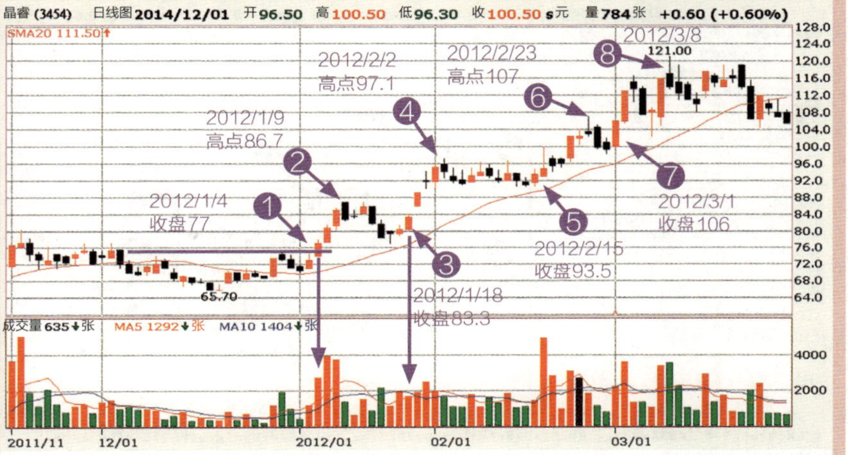

❶ 晶睿（3454）2012/1/4，大量长红K线，突破前面高点，“头头高、底底高”多头确认，收盘77元买进，获利10%的目标为77×1.1＝84.7元。

❷ 2012/1/9，最高价86.7，获利超过10%，收盘黑K，股价下跌，收盘82.7元止盈卖出。单次操作，获利5.7元，获利率7.4%。

❸ 2012/1/18，大量长红K线，突破前一日高点，多头续势，收盘83.3元买进，获利10%的目标为83.3×1.1＝91.63元。

❹ 2012/2/2，最高价97.1，获利超过10%，收盘黑K，股价下跌，收盘94.2元止盈卖出。单次操作，获利10.9元，获利率13%。

❺ 2012/2/15，大量长红K线，突破前一日高点，多头续势，收盘93.5元买进，获利10%的目标为93.5×1.1＝102.85元。

❻ 2012/2/23，最高价107，获利超过10%，收盘长上影线十字黑K，收盘103元止盈卖出。单次操作，获利9.5元，获利率10.1%。

❼ 2012/3/1，大量长红K线，突破前一日高点，多头续势，收盘106元买进，获利10%的目标为106×1.1＝116.6元。

❽ 2012/3/8，最高价121，获利超过10%，收盘长上影线黑K下跌，收盘114元止盈卖出。单次操作，获利8元，获利率7.5%。

操作成果

- 用10%目标止盈做多操作，一共4次，获利17.5元，获利率44.2%。

资料来源：富邦e01电子交易系统

晶睿日线：空头获利10%止盈

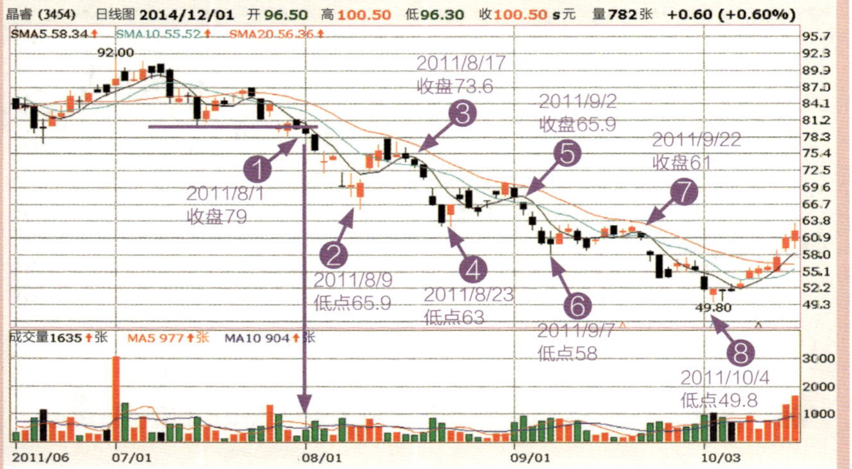

❶ 晶睿（3454）2011/8/1，大量黑K线，跌破前面低点，“头头低、底底低”空头确认，收盘79元放空，获利10%的目标为79×0.9＝71.1元。

❷ 2011/8/9，最低价65.9，获利超过10%，收盘红K，股价上涨，收盘70.4元止盈回补。单次操作，获利8.6元，获利率10.8%。

❸ 2011/8/17，黑K线，跌破前面低点，空头续势，收盘73.6元放空，获利10%的目标为73.6×0.9＝66.24元。

❹ 2011/8/23，最低价63，获利超过10%，收盘红K上涨，收盘66.6元止盈回补。单次操作，获利7元，获利率9.5%。

❺ 2011/9/2，黑K线，跌破前面低点，空头续势，收盘65.9元放空，获利10%的目标为65.9×0.9＝59.31元。

❻ 2011/9/7，最低价58，获利超过10%，收盘黑K十字变盘线，次日红K上涨，收盘61.5元止盈回补。单次操作，获利4.4元，获利率6.6%。

❼ 2011/9/22，黑K线，跌破前面低点，空头续势，收盘61元放空，获利10%的目标为61×0.9＝54.9元。

❽ 2011/10/4，最低价49.8，获利超过10%，收盘红K上涨变盘线，收盘52元止盈回补。单次操作，获利9元，获利率14.7%。

操作成果

- 用10%目标止盈做空操作，一共4次，获利29元，获利率36.7%。

资料来源：富邦e01电子交易系统

力旺日线：多头月线正乖离大于15%止盈

❶ 力旺（3529）2014/6/16，多头回档到月线（MA20）有支撑，红K线多头续势上涨。收盘300元买进。

❷ 2014/6/26，股价高点到396元，当天MA20均线值318.85元，乖离 =（396 － 318.85）÷ 318.85 = 24.1%，超过15%，次日股价黑K下跌，收盘376元出场。单次操作，获利76元，获利率25.3%。

操作成果

- 连续上涨，股价乖离过大时，当回档下跌时，容易急速下跌，短线急涨的获利要先止盈入袋。

资料来源：富邦e01电子交易系统

力旺日线：空头月线负乖离大于15%止盈

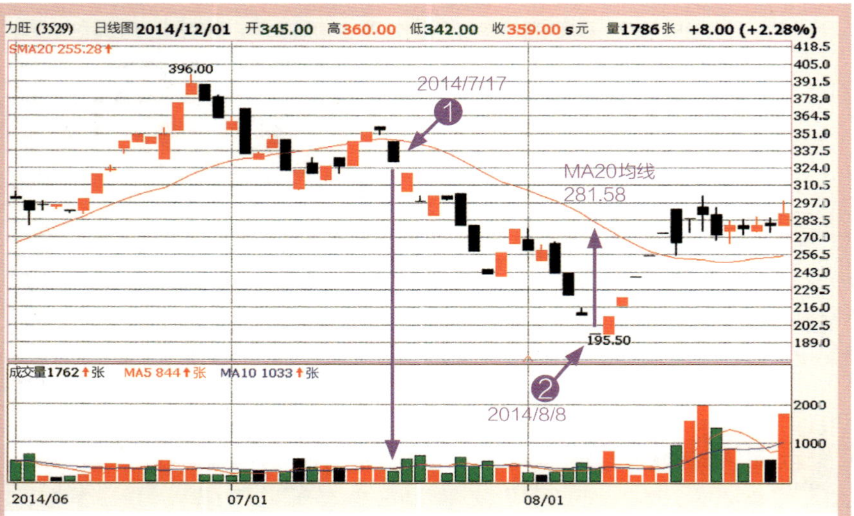

❶ 力旺（3529）2014/7/17，空头反弹到月线（MA20），长黑K线再下跌，空头续势下跌。收盘329元放空。

❷ 2014/8/8，股价跌停板，低点到195.5元，当天MA20均线值281.58元，乖离 =（195.5 － 281.58）÷281.58 = -30.5%，超过15%，次日股价红K上涨，收盘209元回补。单次操作，获利120元，获利率36.4%。

操作成果

连续下跌，股价乖离过大时，当反弹上涨时，容易急速反弹，短线急跌的获利要先止盈入袋。

资料来源：富邦e01电子交易系统

济生日线：到达形态目标价止盈

❶ 济生（4111）2012/2/4，大量长红K线，股价突破18.6元高点，底部大头肩底形态完成，形态目标价 =（18.6 - 12.5）+ 18.6 = 24.7元。

❷ 2012/2/16，当天高点25.15元，收盘23.55元，到达目标价，股价爆大量下跌，止盈出场。

资料来源：富邦e01电子交易系统

宏普日线：到达形态目标价止盈

❶ 宏普（2536）1996/8/15，大量长红K线，股价突破39.3元高点，底部圆弧底形态完成，形态目标价 =（39.3 － 32.4）+ 39.3 = 46.2元。

❷ 1996/9/18，当天高点46.2元，收盘45元，到达目标价股价爆大量下跌，止盈出场。

资料来源：富邦e01电子交易系统

第4节

依据特定条件止盈

除了“依据操作纪律止盈”和“预设获利目标止盈”之外，还可根据6个特定条件止盈，以下分别以范例探讨。

条件1：做多到达压力止盈

到达重大压力，如周线压力、双重或多重压力、密集盘整区、超大量长黑下跌K线等位置，股价爆大量止涨回跌时，多单止盈。（见p.308“玉晶光日/周线”图）

条件2：做空到达支撑止盈

到达重大支撑，如周线支撑、双重或多重支撑、密集盘整区、超大量长红上涨K线等位置，股价爆大量止跌反弹时，止盈回补。（见p.309“美时日/周线”图）

玉晶光日线

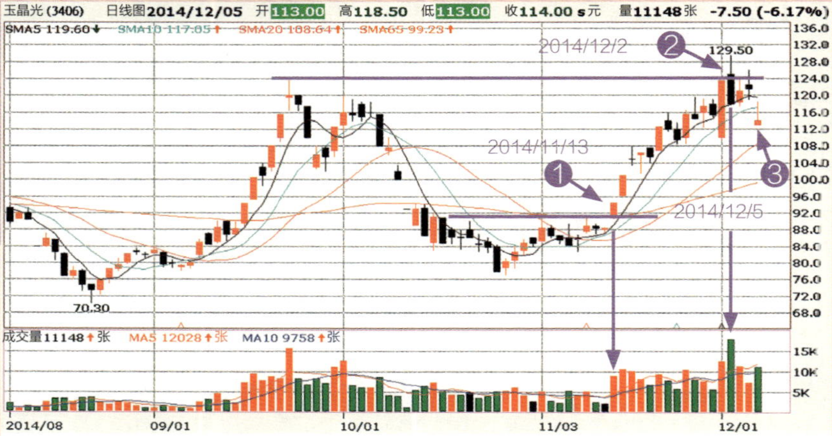

玉晶光周线

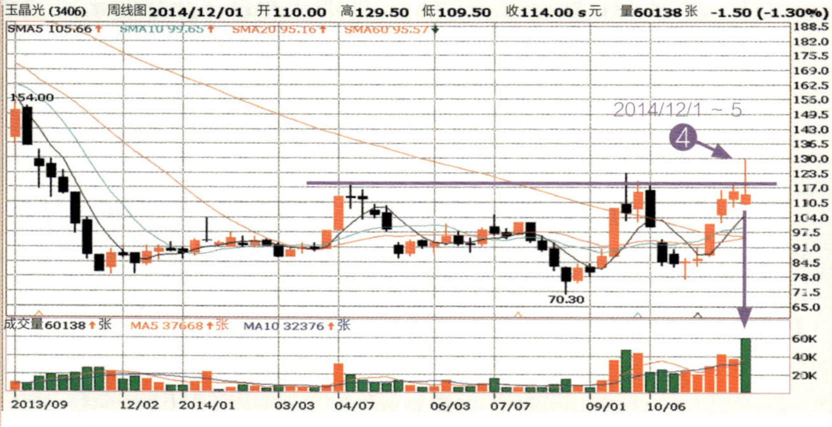

❶ 玉晶光（3406）日线，2014/11/13，大量长红K线，突破前面高点，多头确认，均线3线多头排列向上，收盘94.4元做多买进。

❷ 股价沿MA5均线上涨，2014/12/2当天遇到前面头部高点压力，爆大量，股价开高走低长黑K下跌，收盘118元止盈出场。获利23.6元，获利率25%。

❸ 2014/12/5，当天开盘跌停板，股价要回档修正。

❹ 从玉晶光周线可清楚看出，当周股价上涨到前面2个头部的重压位置。

资料来源：富邦e01电子交易系统

美时日线

美时周线

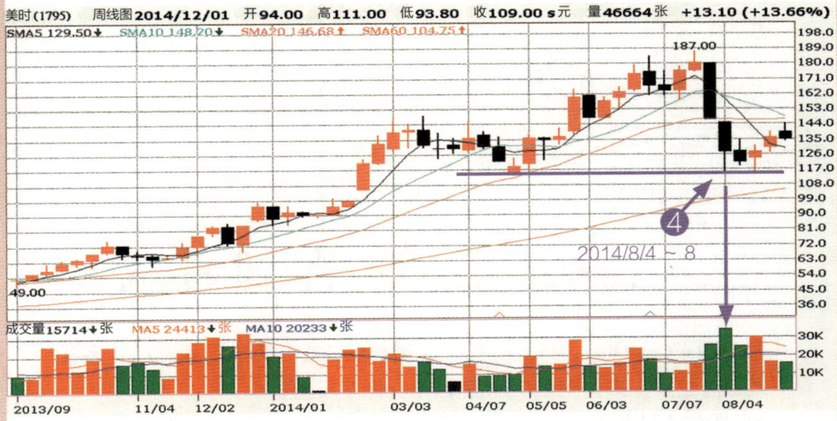

❶ 美时（1795）日线，2014/7/30，大量长黑K线，跌破前面低点，空头确认，均线3线空头排列向下，收盘157元做空。

❷ 股价沿MA5均线下跌，2014/8/8当天遇到前面113.5低点支撑，爆大量，股价开低走高，长红K线吞噬上涨，收盘127.5元止盈回补。获利29.5元，获利率18.7%。

❸ 2014/8/22，连续2天大量上涨，股价要反弹。

❹ 从美时周线可清楚看出，当周股价下跌到周线前面低点的支撑位置。

资料来源：富邦e01电子交易系统

条件3：做多高档止盈

在做多高档（连续3根以上的长红上涨K线、趋势末升段的急涨），爆大量和K线转折信号向下时，止盈出场。

阳程日线：做多高档止盈

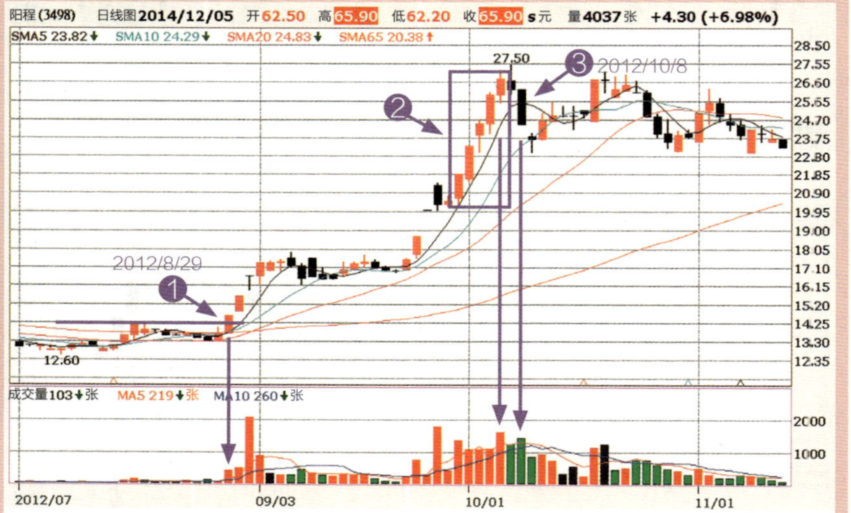

❶ 阳程（3498）2012/8/29，大量长红K线，突破前面高点，多头确认，均线3线多头排列向上，收盘14.6元做多买进。

❷ 股价上涨到高档，连续5天长红上涨K线，出大量，K线出现转折信号时要准备止盈。

❸ 2012/10/8，股价开低走低，大量长黑K下跌，收盘24.45元止盈出场。获利9.85元，获利率67.4%。后续在高档盘头。

资料来源：富邦e01电子交易系统

聚阳日线：做多高档止盈

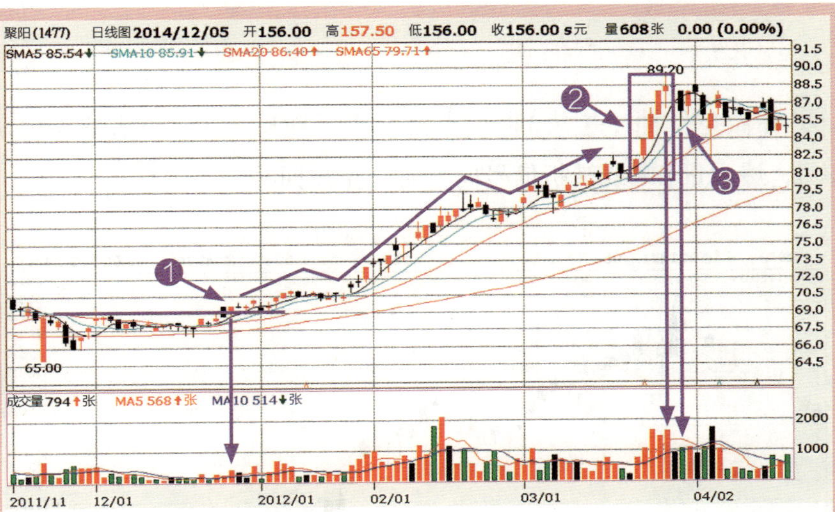

❶ 聚阳（1477）底部打底完成，突破前面高点，多头确认，均线4线多头排列向上，呈现中期多头趋势。

❷ 股价经过3波段上涨到高档，连续5天长红上涨K线，出大量，K线出现转折信号时要准备止盈。

❸ 股价开低走低，大量长黑K下跌，止盈出场。后续开始高档盘头下跌。

资料来源：富邦e01电子交易系统

条件4：做空低档止盈

在做空低档（连续3根以上的长黑下跌K线、趋势末跌段的急跌），爆大量和K线转折信号向上时，止盈回补。

伍丰日线：做多高档止盈

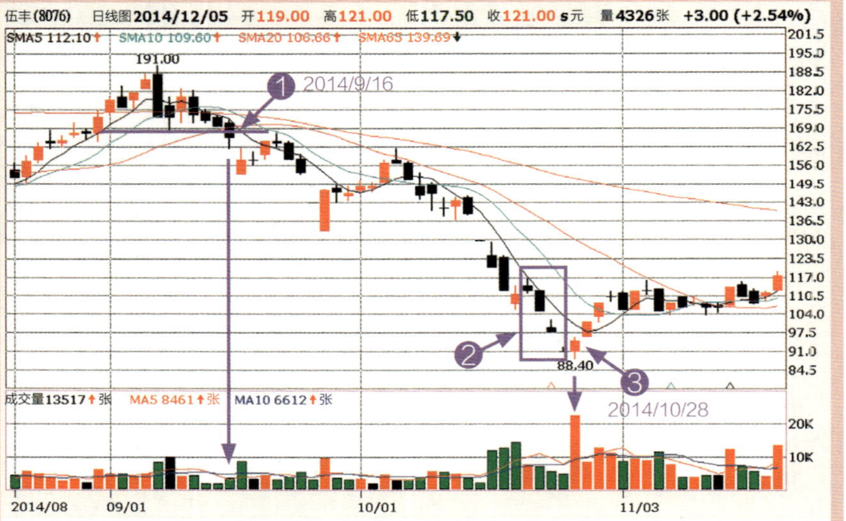

❶ 伍丰（8076）2014/9/16，大量长黑K线，跌破前面低点，空头确认，均线4线空头排列向下，收盘166元做空。

❷ 股价下跌到低档，连续4天长黑K线下跌。

❸ 2014/10/28，股价开低走高，大量长红K线上涨，出现红K线吞噬转折信号，收盘94.6元止盈出场。获利71.4元，获利率43%。后续强力反弹打底，转成多头。

资料来源：富邦e01电子交易系统

条件5：上涨飙股回跌止盈

上涨飙股每日涨停，当天大量打开涨停，向下回跌超过半根停板时，止盈出场。

百徽日线：上涨飙股回跌止盈

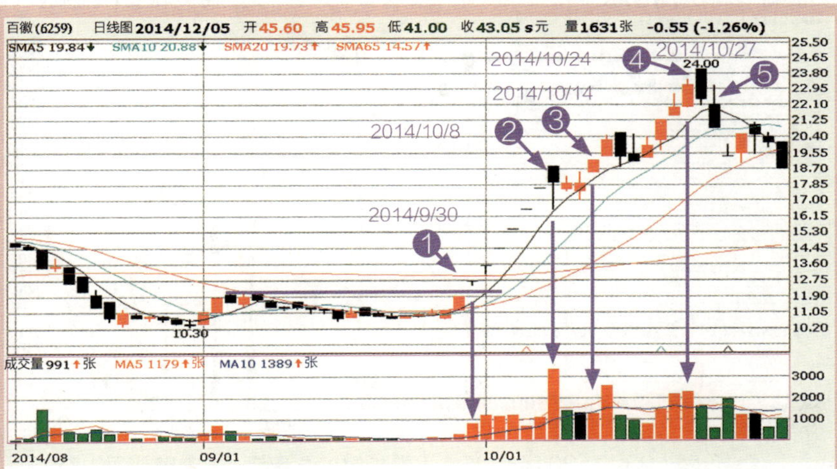

❶ 百徽（6259）2014/9/30，大量跳空长红K线，突破前面高点，多头确认，均线3线多头排列向上，盘中打开涨停板价时12.7元买进做多。

❷ 连续飙涨7只涨停板，股价上涨到高档，随时准备获利出场。2014/10/8，开盘涨停板，盘中爆大量打开涨停板，下跌到只剩上涨3.5%、股价18.25元获利出场。获利5.55元，获利率43.7%。

❸ 2014/10/14，多头回档后，跳空长红K线上涨，收盘19.15元做多买进。后续没有飙涨，按一般多头股票操作。

❹ 2014/10/24，上涨连续4根红K上涨，成交量也同步放大，出现长黑K线的下跌，要注意K线转折信号，准备止盈。

❺ 2014/10/27，长黑K线的下跌，出现K线转折，收盘20.85元止盈出场。获利1.7元，获利率8.8%。

操作成果

做多操作2次，获利7.25元，获利率57%。

资料来源：富邦e01电子交易系统

条件6：下跌飙股反弹止盈

下跌飙股每日跌停，当天大量打开跌停，向上反弹超过半根停板时，止盈回补。

云辰日线：下跌飙股反弹止盈

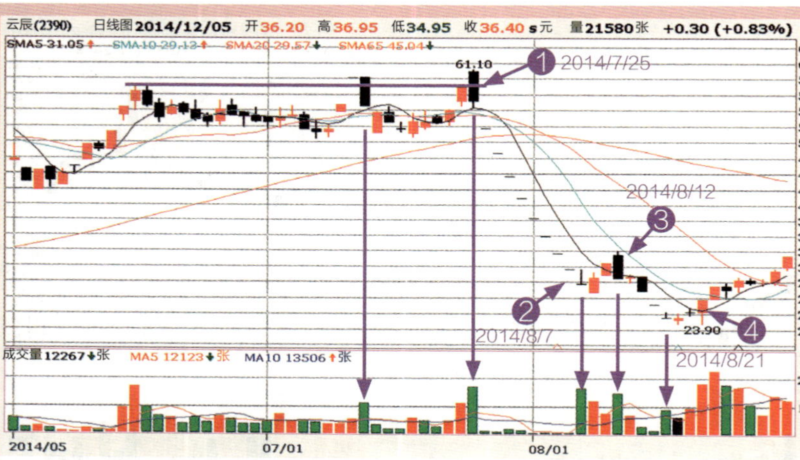

❶ 云辰（2390）2014/7/25，大量长黑K线吞噬，未突破前面2高点，高档盘三重头，在此可试空单，收盘56.5放空。

❷ 股价连续飙跌9只跌停板下跌到低档，随时准备获利回补。2014/8/7，开盘跌停板，盘中爆大量打开跌停板，反弹到只剩下跌3.5%、股价30.7元获利回补。获利25.8元，获利率45.6%。

❸ 2014/8/12，空头反弹后，大量长黑吞噬K线下跌，收盘30.45元继续做空。后续没有飙跌，按一般空头股票操作。

❹ 2014/8/21，大量长红K上涨，出现K线转折信号，收盘27.4元止盈回补。获利3.05元，获利率10%。

操作成果

做空操作2次，获利28.85元，获利率51%。

资料来源：富邦e01电子交易系统

投资笔记

第三部分

赢家策略

本书在第二部分详细介绍了买卖股票操作流程的五大步骤，读者按照每个步骤认真执行，假以时日就能在股市赚钱。

但是想要赚大钱，长期当赢家，单靠技术分析无法办到。做股票不求每场战役都赢，而是要赢得整个战争。学会赢家策略，才能成为股市赢家，永保甜美丰硕的果实。

第1章

顺势而为

《孙子兵法 · 计篇》第4条：
计利以听，乃为之势，以佐其外。势者，因利而制权也。

用兵取胜的关键，除了要有正确的策略，还要因势利导才能事半功倍。因此，作战是一种艺术，要随时根据对自己最有利的条件，灵活机动，采取相应的权宜措施。

股票市场变化快速，任何策略都必须顺势而为，永远要在对自己有利的条件下去投资，同时要面对市场的变化随机应变，千万不能固守陈规，当市场方向（趋势）改变，即使当初有再多看好的理由，都必须接受当下的方向，采取对自己最有利的行动。

随势强弱 调整持股

资金的管控绝非一成不变，势强时可加码，放大资金投入的成数，势弱时则要审时度势，减码因应，如此在强势上涨时可以大赚，转弱时可以少赔。观察波浪形态，只要相信它的走势，调整策略去顺应它，自然能够趋吉避凶，大赚小赔。

第2章

谋定后动

《孙子兵法·谋攻篇》第7条：
知胜有五：知可以战与不可以战者胜，识众寡之用者胜，上下同欲者胜，以虞待不虞者胜，将能而君不御者胜。

作战要预知能够胜利的情况，要先分析敌我条件，确认可以战或不可以战，如果条件不足，战胜概率不高，不可求战，否则万一屈居劣势，不但难以战胜，反而易失败折损。

在商场上，与对手竞争，必须先衡量可战或不可战，否则未获其利先遭其害，国际大企业同行之间的竞争更是如此。

操作股票，更要小心谨慎，进场前必须充分研判可买或不可买，成功的胜率如何？如果不符合进场条件、趋势不明，必须戒急用忍。

谋定而后动

用兵之道，必须“谋而后战”，战前要算计自己的取胜条件，取胜的条件多，然后再出兵，才有获胜的可能；反之容易失败，仅凭匹夫之勇，毫无算计谋略就出兵，必遭战败。

股票市场，更胜兵家争战，尔虞我诈，刃不见血，惨烈状况不亚于商场上的竞争，因此没有战胜的准备及算计，绝对不要轻易把自己辛苦赚来的金钱投入其中，否则必然赔钱，不可不慎！

进场前要研判什么

毫无准备就下场，无法避免赔钱的命运，进场前要研判以下4点。

研判1 这档股票的“胜率”大不大？

操作股票没有百分之百的赚钱方程式，但有赚钱的胜率。赢面不大的战争，当然不要白白去牺牲（去赔钱）。就短线做多而言，日线多头架构完成（头头高、底底高）趋势确认，加上均线3线（MA5、MA10、MA20）多头排列向上，这时顺势做多，成功赚钱的“胜率”大，赔钱止损的概率小。换句话说，不符合这样条件的股票去做多，结果会刚好相反。

研判2 这档股票的“获利率”高不高？

买进的股票有多少可能的获利空间，也要预估好，投资人不可能买进所有“胜率”大的股票，所以要选择获利空间较大的股票。获利空间的大小，可以在日线看短线的压力，在周线看中长线的压力。

研判3 预先估算资金分配

准备进场买股票，要用多少资金操作？如果止损会赔多少资金？能否承担这些风险？

研判4 专注基本面或技术面

如果投入一档要长线操作的股票，当然要看基本面，如果只是在做短线的价差，那么专注技术面就可以了。

鸿准日线：研判胜率和获利率

❶ 鸿准（2354）2003/6/5，“头头高、底底高”多头架构完成，多头趋势确认，同时均线4线多排向上，大量长红K线上涨，进场“胜率”很高，“获利率”也很高。

资料来源：富邦e01电子交易系统

第3章 判别多空

《孙子兵法 · 军形篇》第2条：
不可胜者，守也。可胜者，攻也。守则不足，攻则有余。善守者，藏于九地之下；善攻者，动于九天之上，故能自保而全胜也。

作战时不想被敌人战胜，防守要固若金汤；想战胜敌人，进攻要势不可当。善于防守者，如同隐蔽兵力于地下，深藏不露；善于进攻者，发动进攻如同神龙九霄而下。正所谓守能保卫自己，攻能一举夺胜。

在商场上，公司经营必须随着市场的景气变化调整，景气不好时要能守成，不被打败；景气好时，要能开疆拓土，扩展业绩。操作股票，要审时度势，国际经济衰退、国内经济不景气、大盘趋势不佳时，要保守应对，投入资金要减少；当大环境变好，趋势成大多头时，要抓住机会，全力做多。

股票没有好坏 只有多空

再好的股票，在趋势转空头时也会下跌，再差的股票，在趋势转多头时也会上涨。以大立光（3008）为例，获利创新高，可是趋势转空头，股价照样下杀。

大立光日线和营运绩效

大立光营收						
月份	营收（百万元）	月增率	去年值	年增率	累计营收（百万元）	年增率
2014/10	5,453.82	17.95%	2,923.48	86.55%	34,386.57	63.33%
2014/09	4,623.90	16.68%	2,653.36	74.27%	28,921.37	59.51%
2014/08	3,962.81	12.77%	2,405.53	64.74%	24,295.51	56.98%
2014/07	3,514.00	3.02%	2,101.21	67.24%	20,335.78	55.63%
2014/06	3,410.96	0.54%	1,971.40	73.02%	16,833.28	53.58%
2014/05	3,392.59	5.56%	1,961.55	72.95%	13,437.04	49.58%

大立光税前盈利						
季度	盈利（百万元）	季增率	年增率	累计盈利	年增率	累计每股收益（元）
2014第3季	6,035.89	20.41%	122.66%	14,575,937	97.06%	108.66
2014第2季	5,012.64	42.11%	87.53%	8,540,044	82.25%	63.67
2014第1季	3,527.40	-14.05%	75.24%	3,527,400	75.24%	26.30
2013第4季	4,104.05	51.40%	23.64%	11,500,715	68.85%	85.74
2013第3季	2,710.82	1.42%	91.91%	7,396,669	111.82%	55.14

资料来源：富邦e01电子交易系统

大立光在2014/7/17~10/27的3个多月，股价由2640元跌到1950元，下跌26%。同时期的营业绩效，第3季度累计每股赚108.66元，持续成长70.6%，获利创新高。

至于玉晶光（3406），虽然营业赔钱创新高，可是趋势转多头，股价照样飙涨（见下图）。

玉晶光在2014/9/9~9/23的2周期间，股价由84.9元涨到123.5元，上涨45.6%。同时期的营业绩效，第3季度累计每股赔-7.98元，持续赔损。

玉晶光日线：判别多空

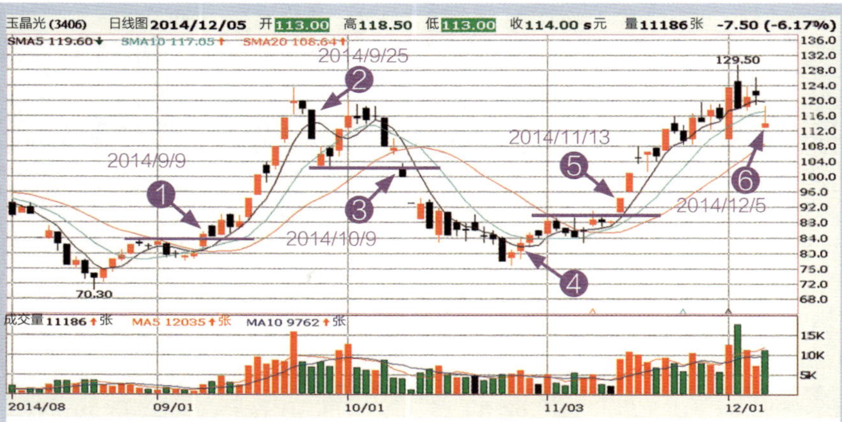

❶ 玉晶光（3406），2014/9/9多头确认，均线3线多头排列，收盘84.9元做多。

❷ 黑K转折下跌，收盘110元卖出，获利25.1元，获利率29.5%。

❸ 空头确认，均线3线空头排列，收盘100元做空。

❹ 红K转折上涨，收盘82.6元回补，获利17.4元，获利率17.4%。

❺ 多头确认，均线3线多头排列，收盘94.4元做多。

❻ K线转折下跌，收盘114元卖出，获利19.6元，获利率20.7%。

资料来源：富邦e01电子交易系统

玉晶光日线和营运绩效

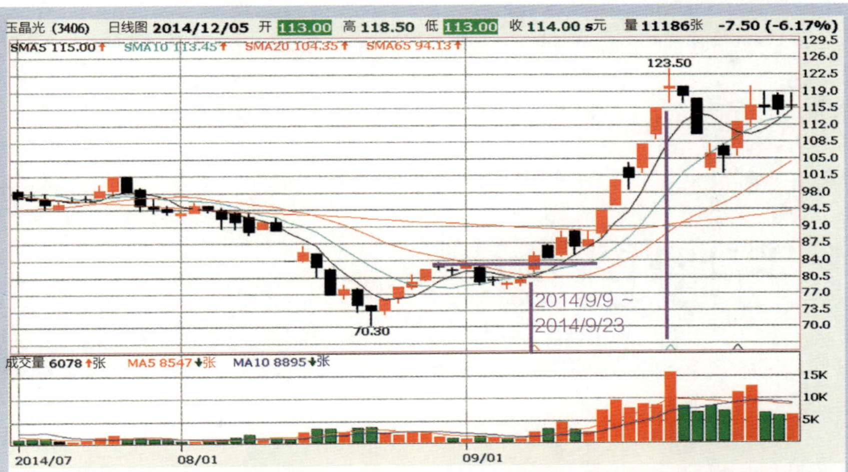

玉晶光营收						
月份	营收（百万元）	月增率	去年值	年增率	累计营收（百万元）	年增率
2014/10	1,183.87	15.31%	929.14	27.42%	8,284.00	2.50%
2014/09	1,026.68	-1.05%	1,172.13	-12.41%	7,100.13	-0.74%
2014/08	1,037.59	10.19%	937.83	10.64%	6,073.45	1.54%
2014/07	941.59	33.69%	907.06	3.81%	5,035.86	-0.15%
2014/06	704.32	-17.05%	700.26	0.58%	4,094.27	-1.01%
2014/05	849.11	43.45%	756.98	12.17%	3,389.96	-1.34%

玉晶光税前盈利						
季度	盈利（百万元）	季增率	年增率	累计盈利	年增率	累计每股收益（元）
2014第3季	-12.31	96.56%	85.44%	-793,187	-124.45%	-7.95
2014第2季	-357.87	15.40%	-63.36%	-780,875	-190.47%	-7.83
2014第1季	-423.00	-421.02%	-750.08%	-423,002	-750.08%	-4.24
2013第4季	-81.19	3.98%	-119.13%	-434,574	-135.43%	-4.46
2013第3季	-84.55	61.40%	-130.53%	-353,387	-144.05%	-3.66

资料来源：富邦e01电子交易系统

后记

万般皆由心

万般皆由心，通过“心关”的考验，自能到达彼岸。

股市是修炼人性的道场，任何一个能够纵横股市的投资人，都是历经千锤百炼，绝对没有一步登天的神迹。

“技术分析”只是进入股市的基本知识，也是操盘的工具，仅有工具，并不足以自行，在具备技术分析的基础之后，必须要在实战中培养下面的5项能力，才能站稳脚步，成为股市长期赢家。

能力1

技术分析选好股的能力。

能力2

等待进场，守株待兔的能力。

能力3

彻底执行止损的能力。

能力4

纪律操作，获利入袋的能力。

能力5

不贪不惧，稳健获利的能力。

以上5项能力的训练，需要自我要求，坚持修炼，等到时机成熟，自然水到渠成。

自从2011年5月我的第一本书出版之后，非常感谢这些年来读者对我的鞭策及支持，虽然我把对股市所知道的一些浅学心得，尽心尽力分享给一般投资人（散户大众），但因个人才疏学浅，总有未全之处，尚祈读者专家不吝指教。